教｜育｜知｜库

适合就好的教育思考

——基于学校全面发展的实证探索

黄健明——

著

光明日报出版社

图书在版编目（CIP）数据

适合就好的教育思考：基于学校全面发展的实证探
索 / 黄健明著 . -- 北京：光明日报出版社，2021.6

ISBN 978 - 7 - 5194 - 6009 - 9

Ⅰ. ①适⋯ Ⅱ. ①黄⋯ Ⅲ. ①中学教育—教育研究
Ⅳ. ①G632.0

中国版本图书馆 CIP 数据核字（2021）第 077974 号

适合就好的教育思考：基于学校全面发展的实证探索

SHIHE JIUHAO DE JIAOYU SIKAO：JIYU XUEXIAO QUANMIAN
FAZHAN DE SHIZHENG TANSUO

著　　者：黄健明

责任编辑：刘兴华　　　　　　　责任校对：郭嘉欣

封面设计：中联华文　　　　　　责任印制：曹　净

出版发行：光明日报出版社

地　　址：北京市西城区永安路 106 号，100050

电　　话：010 - 63169890（咨询），010 - 63131930（邮购）

传　　真：010 - 63131930

网　　址：http：// book. gmw. cn

E - mail：liuxinghua@ gmw. cn

法律顾问：北京德恒律师事务所龚柳方律师

印　　刷：三河市华东印刷有限公司

装　　订：三河市华东印刷有限公司

本书如有破损、缺页、装订错误，请与本社联系调换，电话：010-63131930

开　　本：170mm×240mm

字　　数：269 千字　　　　　　印　　张：16.5

版　　次：2021 年 6 月第 1 版　　印　　次：2021 年 6 月第 1 次印刷

书　　号：ISBN 978 - 7 - 5194 - 6009 - 9

定　　价：75.00 元

目 录
CONTENTS

第一部分　学校治理思考篇

第二部分　学校治理实操案例

第三部分　教师经验实操案例

第一部分 **01**

学校治理思考篇

学校治理的校长使命

作为基层学校校长，往往做多思少，特别是系统性思辨少，往往是零散而片段化的实践，缺少逻辑关联。教育思想该如何提炼？它与办学思想、理念的关系如何？是实践经验理论化描述，还是通过描述其演变历程来归纳其实质？

校长的历史使命在哪？校长应当是什么样的角色？是教师的首席，好学校的标志？如果是教师的首席，那么，他是教师群的第一名，或是全科全才？如果是好学校的标志，那么，他是学校的最大贡献者，或是最大绩优者？

其一，是保障，是教育的组织者。

学术固然重要，因其是学校发展的生命核心，学术的主力是教师，对象是知识，而校长是教师一员，自然与一般教师无异，不存在学术端的特殊性。管理应当重质，因其是学校组织的程序保障，管理的主体是校长，对象是师生，其核心就是为师生的发展提供服务，其服务质量影响着师生的教与学质量。

其二，是领航，是教师的引导者。

既然是领，那自然是同伴关系，是众多教师同行路上的领头者，是最终拿主意的人，是集大家智慧、引大家存异趋同、领大家携行的召集人。既然是航，那自然是实践实行，是学校实践的开拓者、探索者、创新者，是先进教育思想的先行尝试者，是模糊理念的先行剖析者，是争议焦点的先行思考者。

其三，是系统，是学校的规划者。

从所有的经历中提炼思想，根植于不断积淀的教育实践，理顺个人教育思想与办学理念的关联及异同，明了教育哲学如何体现于学校发展实践，从片段离散型思维转向系统逻辑，知晓学校整体改进路径，全面了解课程建设的系统性建构体系，准确确定学校核心素养（目标），系统设计学校课程体系。

教育的认知再思考

育人于无痕，树德于无形，归根于"德、智、体、美、劳"全面均衡发展。五个方向犹同木桶原理的"短板效应"，缺一而乏三，唯一齐头，方可尽用！而全面思维的能力，是串起其中的主线。因而，所谓的度也应因人而异，不能放弃刻苦的思练，转向不劳或轻劳而获得唯美，要辩证看待。

其一，要正确认识教育的本质。

教意之一为"授"，授生于无知之上而有知；教意之二为"校"，校生于无能之上而有能。育意之一为"长"，育生于弱小之上而健强；育意之二为"养"，育生于无礼之上而有善。教育就是引领学生从无到有、从俗到德的生成。

其二，要正确认识教育价值。

单一感官、心理上的愉悦不能完全诠释教育幸福。教育的价值就是有新的正向发展。

其三，要正确认识教育场域。

按地域分，教育还应包括学校教育、社会教育、家庭教育；按形式分，学校教育属于班级授课教育，教育还应包括环境浸染教育、个体选择教育。不能把教育简单肤浅等同于学校教育，学校教育不能承受所有教育之重。

其四，要正确认识教育内容。

不能以"今天所学的将来很少用到或根本不用"来鉴定所谓的知识，这只是对知识的外显形式的强调，却轻视了在获得知识过程中的思、练、解能力的尝试，更何况，这种经历及过程，就是知识的一部分，无论对错、大小、喜恶。

其五，是要正确认识教育行业。

专业的事让专业的人做！教育不是专业，故而人人皆可为；学校教育是专业，故而非师不可！

其六,是要正确认识教师发展。

教师生长需要持续不断地走着、看着、读着,耳聪、目明、思宽是教师成熟的标志,教师的成长在于日积月累,季复年往。话不在多,有思则行;字不在美,有魂则灵。斯是陋句,唯吾德馨,可以谈观点、阅现象,无应付之乱急,处闲暇之会思。

其七,是要正确认识家校关联。

家长委员会是家校理解的沟通者,应当形成家校共同体;是教育教学的参与者,应当形成家校统一体;是社会实践的组织者,应当形成家校联合体。

家长委员会是学校行动的坚决拥护者,善于把学校决策转化为家长们的共同意愿;是家长意愿的协调统一者,善于做将非主流意见家长转化成步调一致者;是教育行动的出谋划策者,善于为学生向善向上的成长提供社会资源。

家长委员会应当完善组织及章程,构建法理基础;应当完善机构及流程,构建行事原则;应当完善行动及保障,构建质量目标。

为了发展的教学创新思考

一、先学后教的"新翻转课堂"

这里的"翻转"并不单一指信息(媒体技术)和流程上的翻转,还应包括学习及教学行为的创新变革,传统意义上的教学及学习,基本上都是在教师设定下的任务分派、自主尝试、知识技能剖析、巩固训练、效果检测、拓展迁移。在以学生发展为中心的核心素养背景下的教与学,根据"最近发展区"的原理,基于学习问题(障碍)的教学,最贴近学生的需要。每个学生的学习问题(障碍)是不同的,课堂很难解决所有学生的需求,尽管也有每课的前置检测,但也是整齐划一和时间不充分的,学生不能全面寻找发现问题。我们的微创新思路是:在总课时不变、总知识模块不变、基本课堂环节不变的原则下,尝试微改变。

1.课前自学阶段

学生在每节新课前均应进行自学尝试,按各学科要求完成课本的阅读理解、课时练习解答,对困惑不解之处做记录,并查辅助资料尝试解决。教师应提前并有针对性地布置导学问题,通常情况下让学生在家及课外进行,必要时可增加课时,把此阶段放入正课进行。

2.自测自评阶段

把每课检测环节放在第一步,让学生在规定时间内考试,自行检测和判断预习效果,并记录整理错题。教师此时要当观察者,不要急于干扰和纠正学生行为,应当着重收集整理学生存在的问题(障碍),在时间上可考虑适当延长,甚至可增加课时。

3.自学自纠阶段

教师引导学生整理错题,不要急于集中解答或个别指导,让学生在回忆反思预习效果的基础上,带着问题(障碍),对课本再阅读、再思考、再参悟,并对错题再尝试,训练学生的自我纠错能力。教师观察收集学生学习情况的同时,也应该加强学生个别指导和问题解决的能力。

4.集中强化阶段

教师把收集到的学生学习问题进行梳理,根据考试要求,对学生学习情况进行反馈。表扬好的学习行为,推广的学习方法,集中讲解共性难点及问题,对考点进行强化训练。

5.巩固拓展阶段

教师为学生设计并提供课后巩固型学习内容和课后拓展型学习内容,学生根据课堂自我学习情况进行选择,其中,巩固型练习为全员必选内容,让学生在"预习—检测—再学习—听讲评—集中训练—巩固提高—再预习"的常规模式中形成自学习惯和终生学习能力。

6.章节检测和复习可参照上述过程进行。

二、"即时教师"的"新慕课"

所谓"慕课"(MOOC),顾名思义,"M"代表 Massive(大规模),与只有几十个学生的传统课程不同,一门 MOOC 课程动辄上万人;第二个字母"O"代表 Open(开放),以兴趣为导向,凡是想学习的,都可以进来学,不分国籍,只需一个邮箱,就可注册参与;第三个字母"O"代表 Online(在线),学习在网上完成,无需旅行,不受时空限制;第四个字母"C"代表 Course,就是课程的意思。

此种课程刚开始流行于高校,是一种将分布于世界各地的授课者和学习者通过某一个共同的话题或主题联系起来的方式,便于优质教育资源全球性地即时互联互享,提高知讯传递的效率及效益。

当前学校"三通两平台"(宽带网络校校通、优质资源班班通、网络学习空间人人通,教育资源公共服务平台和教育管理公共服务平台)建设已初具规模,新形式的慕课在中小学推行已具备条件。即时教研背景下的"新慕课"微创新思路是:

1.向技术支撑单位(如网校、名校等)慕课

(1)让教师在线同步参与指导教师的教学课堂,并接受技术支撑导师的指导及培训,通过即时在线教研平台,实现每天"先看导师课,再上自己课",导师与教师可随时连线研讨教育教学问题。

（2）让学生在线同步参与指导教师的教学课堂，实现远程优秀教师的教学资讯共享，拓宽学生视野，缩小地域间的教育差距，使学生跨时空获得高位、高端学习的平台，实时享受优质资源的惠顾。

（3）让师生在线同步参与名校课后教辅在线平台活动，师生均可依据自身实际需要，通过"课堂实录回看""课时练习设计""考点解析""测试卷编选"等内容的在线研讨，可不断提高学科教与学素养，夯实学科教与学技能基础，拓宽命、考题研究视野。

2.向科研机构（如师范高校、教科院所等）慕课

通过与科研机构的合作，让教师在专业发展方向、专业技能方法等方面及时得到指导和训练，拓宽导师带培思路，努力培养具有教育家情怀的技术型教师，让教师"思想立得住，思维展得开，知识传到位，技能训到家"，更好地为教学教育贮能。

3.向教师们（面向每一位教师）慕课

鼓励教师们开发设计"自己的课"，利用在线选课平台，学生可跨班级选课，领略不同教师的教学风格，尝试不同的教学思路；学生还可跨年级选课，既可超前学习，也可反复复习，努力实现"不同"的教学进度，克服"因人而异"的教学难度。

4.向社会（面向核心素养下的多元智能）慕课

鼓励社会参与，为师生提供"德、智、体、美、劳"等方向及内容的实践课。学校的功能并不能全面涵盖所有学生的发展需要，特别是"琴、棋、书、画"及体艺等综合实践课程，可适当向专业协会、专业场馆、专业院所寻求支持，为师生提供高品质的兴趣选择。

"即时教研"的"新慕课"的核心就是：

以"能者为师、学高为师"的意识，建立"互助学习、互相学习"的平台，努力实现"各取所需、各有所得"的自我发展。

三、"情景重现"的"新微课"

"微课"是指以视频为主要载体，记录教师在课堂内外教育教学过程中围绕某个知识点（重点、难点、疑点）或教学环节，从而开展的精彩教与学活动全过程。

对于学生而言，微课能更好地满足学生对不同学科知识点的个性化学习，按需选择学习，既可查缺补漏又能强化巩固知识，是传统课堂学习的一种重要补充

和拓展资源。特别是随着手持移动数码产品和无线网络的普及,基于微课的移动学习、远程学习、在线学习、"泛在学习"将会越来越普及。

基于"情景再现"的"微创新微课"的思路是:

1.教学结构微课化

把学科教学结构微创新设置为:①自(预)学阶段;②自检测(考试)阶段;③再(研)学阶段;④反馈(讲授)阶段;⑤练习(解题)阶段;⑥巩固(拓展)阶段。

针对每个阶段,教师都设计成微课,包括导学设问、难点提示、格式示范、实践演示、知识描述、习题呈解等结构化模块的适当组合,根据课型适当增减,不求面面俱到,适合就好。让学生各取所需,多次重复研读,直至理解掌握,切实训练学生的自主自学能力。

2."两基"内容微课化

这里的"两基"指的是"基本知识"和"基本题型",根据学科课程标准,特别是考试的要求,把应知的学科知识点讲解清楚,并通过微课化让学生反复参悟,把应会的题型解题过程示范明晰,并通过微课化让学生反复模仿。使学生在知识"点点过关"上成为可能,在技能"题题都会"上成为现实,以提高学习目标达成度,确保学习效益。

3."错题讲评"微课化

针对每一次作业、单元测试、阶段性检测情况,对普错题、易错题点评示解,并通过微课化让学生不断复习、巩固,使"普错"变"难错"、"易错"变"不错",提高学生辨错、析错、防错能力,提升学习效率。

4."学法指导"微课化

对常见的、典型的学科思维方法、解题思路、学科建模等学法指导要系统渗透、传递给学生。微课化是有效途径之一,利于学生分模块、专题式探究学习,在反复中学深悟透,在重复中巩固熟练,有利于学生创优争先能力的形成。

基于"情境重现"的"微创新微课"的核心是:

通过"营造"了一个半结构化、主题式的资源单元应用"小环境",让学生在"看清、听懂、悟透"的多次机会中形成自主学习能力和终生学习意识。

师生有信仰,学校有力量
——学校治理的精神思考

一、教育的生命意识

教育活动依附于生命,体现生命发展的意义;每一个人都是不可复制的奇迹。

教育是一项"视他为主"的活动,任何一种"视我为主"的教育,存在着忽视生命特征和生命规律的"短视"风险,长此以往,必将失真,甚至失败。

对学生而言,哪怕是有缺陷的生命,也应让他享有完整的、发展的、愉悦的、健康的生命成长。

对教师而言,在关注学生的全面素质质量,特别是学科学业成就的质量的同时,还应关注学生的学习过程价值,特别是促进生命生活的价值。

对社会而言,应注重让师生互动,注重对话、提倡交融、追求共同、尊重差异、崇尚善美,于生活中体现理解、包容、保护的人文精神,特别要推行对人的处境的关注关怀。

二、教育的价值意义

教育的价值在于维护、推进人际交往,从而维持生命的秩序,其核心就是:用爱与宽容追求生命臻于完美的途径。

苏霍姆林斯基说过:教师一生中最重要的东西,就是热爱儿童。

每个学生的喜悦和苦恼都敲打着你的心,一定会引起你的思考、关怀和担心,这不仅仅意味着小心翼翼地、深思熟虑地、关怀备至地去触及年轻待哺的心灵,更意味着你应拥有一颗宽容的心,去引导改变学生暂时失当的行为,去唤醒学生暂时迷惘待护的灵魂。

学生是处于发展中的未完善的人,必将在不断犯错中前进。这恰恰印证了泰戈尔的一句话:不是槌的打击,乃是水的载歌载舞,使得鹅卵石臻于完美圆润。

三、教育的目标意义

目标之一就是树立社会主义核心价值观的信仰:

国家之富强,社会之自由,人民之爱国,需要我们有创造财富、德心德行的能力,就需要我们立志学习、接纳创新、敢于竞争、勤追第一。

国家之民主,社会之平等,人民之敬业,需要我们有博采众长、美心美行的能力,就需要我们立志谨慎、谦虚请教、敢于自否、勤追最佳。

国家之文明,社会之公正,人民之诚信,需要我们有言规行矩、礼心礼行的能力,就需要我们立志修养、心中有人、得理忍让、失行立纠。

国家之和谐,社会之法治,人民之友善,需要我们有求同存异、善心善行的能力,就需要我们立志共处、思考容他、行事想他、成绩有他。

目标之二就是培植具有学校特征的"德美向善、智体向上"的核心素养的师生信仰:

信仰是激励前行的动力,是取得优异成绩的力量,在学习和生活的向善向上的历程中,让师生努力成为"理想高远、道德高尚,学识扎实、研行充实,体格健美、运动健强,情趣高雅、生活优雅"的前茅英才,努力掌握如下智慧力量:

1.停止和撤退的力量

当我们发现方向不对或效果不佳时,我们应该果断地停止我们的尝试,不能在错误的道路上错误地前行。

2.识别和包容的力量

当我们存在不同的观点或不同的路径时,我们应该识别不正确甚至不怀好意的信息,包容逆耳忠言甚至不留情面的善告。

3.面对和决断的力量

当我们的愿景与现实不一致或相异巨大时,我们应该敢于面对已然发生的失败,勇于与不理想现状决断,告别一切过去。

4.合作和创造的力量

当我们个人力量不足以改变现实或影响甚微时,我们应该努力寻求伙伴们的帮助,勇于改进或改变,敢走不同寻常路。

学校治理中的管理重构

管理极简原则：管理结果重要，还是管理材料重要

管理安全原则：管理本身重要，还是管理对象重要

管理保护原则：管理对象的承受、程序的熔断、差错的纠正

前茅中学干部行为"一二三四"原则

1.每天部门内工作面商一次，少干预；

2.每周部门工作巡查不少于两次，少开会；

3.每月部门间交流协商不少于三次，少改变计划；

4.每学期工作计划反馈不少于四次，少临时决定。

处室干事"每日四个一"规范标准

1.做好每日一次巡查

2.做好每日一次记录

3.做好每日一次整改

4.做好每日一次总结

处室副主任"每周三个一"规范标准

1.做好每周一次检查

2.做好每周一次整顿

3.做好每周一次总结

处室主任"每月两个一"规范标准

1.做好每月一评比

2.做好每月一总结

行政"每学期一个一"规范标准

做好每学期一计划及一目标

备注:规范标准包含如下要素

1.目的、意义、背景、依据

2.步骤、流程、责任、明晰

3.评价、表彰、纠偏、界定

4.宣传、档案、经验、物化

前茅中学德育"一二三四"规范标准

班级"每日四个一"规范标准(责任人:班主任)

1.组织好每日一次推文

2.组织好每日一次"两操"

3.组织好每日一次纠偏

4.组织好每日一次晚结

年级"每周三个一"规范标准(责任人:年级组长)

1.抓好每周班级行规

2.抓好每周升旗仪式

3.抓好每周集中纠偏

政教"每月两个一"规范标准(责任人:政教主任)

1.统筹好每月一次主题活动

2.统筹好每月一次家委会

德育"每学期一个一"规范标准(责任人:分管副校长)

设定好德育进程及目标

备注:规范标准包含如下要素

1.目的、意义、背景、依据

2.步骤、流程、责任、明晰

3.评价、表彰、纠偏、界定

4.宣传、档案、经验、物化

前茅中学教学"一二三四"规范标准

教师"每日四个一"规范标准（责任人：科任教师）

1.备好一课时教学方案

2.批好一课时学生作业

3.写好一课时检测习题

4.盯好一课时 Q 群反馈

教研"每周三个一"规范标准（责任人：教备组长）

1.组织好一周教学策略

2.组织好一周课例研讨

3.组织好一周质量监测

教务"每月两个一"规范标准（责任人：教务主任）

1.统筹好每月一次质量统测

2.统筹好每月一次家委会

教学"每学期一个一"规范标准（责任人：教学副校长）

抓好每学期教学进度及目标

备注：规范标准包含如下要素

1.目的、意义、背景、依据

2.步骤、流程、责任、明晰

3.评价、表彰、纠偏、界定

4.宣传、档案、经验、物化

前茅中学家校联系"一二三四"准则

1.务必定期举行开放日，每学期不低于一次；

2.务必定期召开家长会,每学期不低于两次;

3.务必定期召开家委会,每学期不低于三次;

4.务必定期推荐阅读文,每月不低于四次。

基于师生实际的课程思考

学校把国家课程、地方课程以及校本课程有机结合起来，通过实施促进学生全面发展的"启前"课程，着力凸显德美向善、智体向上、劳行向实，突出五育并重的课程体系特征，为学生提供基于核心素养的有效促进个性发展的多元化课程。

一、课程设置背景及思路

学校年轻教师居多，在教育教学方面存在新、生、涩的问题：由于新入职教师缺乏上课经验，容易空洞说教，显得比较稚嫩；新教师由于不够熟悉教材，过分依赖教参，导致讲授的内容比较生硬；新入职教师由于缺乏阅历，授课技巧不够娴熟，内容讲授比较晦涩。

大部分学生是来自私立小学的进城务工人员子女，学生父母进城打工，家庭条件较艰苦，家长忙于生计，学历层次相对较低，素质参差不齐，缺少行之有效的家庭教育方法，导致孩子学习习惯、行为习惯不够规范。

基于以上的师生实际情况，我校采用了全新的课程设置体系标准，采用"两少一多"的半封闭式管理模式：让学生"少"一些机会接触外界的不良诱惑，学生"少"做与学习无关的事，"多"花一些时间在学校。将课程体系设置成"基础型""拓展型""探究型"三类课程，以此实现学习的高效性。

为完成国标课程学习，培养学生的学科基本素养，我们的基础型学科有：语文、数学、英语、音乐、体育、美术、信息等13门课程。

为帮助学生形成独立思考、探究的学习习惯，我们开设了拓展型学科。课程主要有：中考能力提升、主题教育、研学旅行社会实践、"一校一品"校本课程。

为培养学生的家国情怀以及良好的生活情趣、审美价值，我们开设的探究型学科主要有：啦啦操社团、合唱社团、舞蹈社团、智能机器人社团、书法社团等。

二、课程管理及实施操作

（一）课程常规管理

为了更好地加快新教师的成长，规范新教师的教学行为，学校对每个备课组提出了"学科三要素"的课堂教学的要求。

每个学科组制定具有自己学科组特点的"学科教学规范""学科课堂教学基本流程""学科教学质量标准"，以此作为自己学科组的纲领性文件。这些学科三要素的制定经过全组老师近一个学期的讨论交流，结合前中的具体情况，制定出具有前中特色的学科教学规范、流程和标准。"学科三要素"主要是解决"老师应该做什么？""老师可以怎么做？""老师做得怎么样？"的问题。

学科教学规范解决的是"老师应该做什么？"的问题。例如语文学科的教学规范是：要培养学生的听、说、读、写的能力，以读启课，以诵结课。要对"听读、说写、背记"进行综合运用训练，直至达成质量标准。

学科课堂教学基本流程解决的是"老师可以怎么做？"的问题。例如数学学科的流程为：提前一周准备试题，根据学生情况分层次制作微片段，以展示课堂任务启课，由学生尝试解题，师生合作探究，教师示范解题格式，再由学生自主练习，师生课堂小结，限时进行课堂检测，最后进行本课作业布置。

学科教学质量标准解决的是"老师做得怎么样？"的问题。例如生物学科的质量标准为：学生需掌握生物学科的基本概念、原理和规律等基础知识，能举例说出这些知识与现实生活的联系，能够外出进行野外实践并撰写实践报告。

制定出来的学科教学规范、流程和标准是教师们实践经验的总结生成，是真正具有学校特色的，随着老师们教学阅历的增加还会进行进一步地调整和完善。

（二）课程师能保障

为了确保教师能够较好地理解和认同学校的办学理念，尽快适应学校的教育教学节奏，学校坚持以教师的成长和发展作为教师教育的根本出发点和落脚点。

以时间作为阶段划分依据，学校的师培工作可分为以下三个阶段：其中第一阶段为适职通识培训阶段，第二阶段为入职达标培训阶段，第三阶段为履职争优培养阶段。

以内容作为项目划分依据，前茅中学师培工作可分为五个内容：以考试为核心的编、解、讲题能力,以在线为核心的微课制作能力,以达成为核心的质量监测能力,以促进为核心的课堂调控能力,以融洽为核心的课外协调能力。

1.校内培训。以校长及各处室负责人为主讲,为老师解读学校顶层设计,内容包括学校课程规划、课堂教学组织以及班级的管理组织等。

2.外访名校。在理论层面达成一致后,学校专门组织开展访名校行动,由这些学校的主要领导,向全体前中的老师进行教学及管理相关的技能培训。

3.中考研究工作室、英才培养基地工作室、区域教育大讲堂、新入职教师培训基地相继在学校挂牌成立,多位学科专家到访本校指导各学科组工作。

学校在区域内名高中的具体指导下,依托"英才培养基地前中工作室",在教学科研、教学交流、竞赛型人才早期培养、初高中学段衔接教学等方面进行每月定期活动。

学校在区域内名初中的支持下,依托"中考研究前中工作室",在课堂教学、考题研究、复习应试、促优补弱等方面进行每周定期针对性训练。

学校在柳州市名师的精心组织下,依托"教育大讲堂学校分讲堂",在学科教学策略、集备活动、师德师能等方面精益锤炼,在新入职教师的教学综合素养方面精准培养,高标准推进。

4.遴选学科苗子,依托"区域教育系统师培实训基地学校"平台,实施"师能提升'春芽培绿'工程",对教师分类、分科、分项目培养。

(1)骨干培养:每科选一两名骨干教师,聘请市教科所教研员为导师,每两周为一个周期,以研课为基本载体,每次提出一两个问题,用两周研讨解决,依次递进。

(2)师培普惠:"三五"计划,即全体教师三年内省(自治区)内轮训一次,五年内省(自治区)外轮训一次。

(3)专家引陪:广邀专家进校进课堂,参与备课组教研会议,对青年教师的教育教学各项工作进行全方位的指导。

(4)教师专能常训:在中考科目中开展解中考题行动,加强中考科目教师以考试为核心的编、解、讲题能力。

(三)课程实施变革

1."三先三后"的备课要求

强化各备课组的常规检查,对老师提出了"先备课后上课""先审核后上课"

"先听课后上课"的要求,新入职的老师推迟 2 个课时的课,所要讲授的内容必须在听过帮辅教师的课之后,再对自己的教案进行修改,最后给备课组长审核,通过后方能进教室上课。

2."微创新"的混合学习

采用微创新促进混合式学习,有效促进学业教育质量。教师以微课形式定时发布课前学习任务,学生根据微课自学,上传学习结果,保证课前预习效果可见,便于教师分析学情,调整教案;教师以微课形式分模块授课,学生按需听课,课中环节步骤可变,教师分模块重现或跳模块指导,学生分模块巩固或跳模块学习;学生以微课重现形式复习,学生上传错题整理,课后巩固,可重复补授。教师以微课分享形式示范指导。

3."读写记背"的知识巩固

全面开展"晨练诵读起学,午读记背固学,晚习检测复学"的教学质量日达成活动。分别设计早、中、晚三个专项时段,早上引导组织学生读、诵,下午组织学生默、背,晚上组织学生自检自查、互相督促,实现学习的增值、课堂的增量、效率的提高。

4."核心素养"的个性发展

以课题研究的形式组成课题团队,分学期规划设计"学校十会"课程,每周都安排有素养课程。

学校目前开设了适宜学生的 11 门综合素养课程,培养学生强身健体的意识、创新审美的意识、竞争团结的意识,使同学们都能够有所收获,逐步向情趣高雅、生活优雅的方向前进。

5."党建引领"的争优创先

以创建"五美好课堂"为平台,在党员模范、干部示范、教师规范、家校共育、社会共治等方面守正推新,努力形成师生留恋的课程文化。

党员模范好课堂:党员要站在"疑、难、紧、重"之前,"首干在我、攻坚在我","不达目标不罢休"。

干部示范好课堂:干部要率先垂范,身先士卒,当好标杆,让自己所做的事可学、能学、可复制、可推广。

教师规范好课堂:教师要标准统一、课课如一、日复一日,使每课操练流程固化,每天学习步骤一致。

家校联动好课堂:家长也是教师,也要给学生上课,要把自己的工作经验、生活阅历、家风家训拿出来分享。

社会实践好课堂：走出校园去实践，才能劳教结合、研行统一，才能"爱家爱国爱世界"，才能检验真知、创造美好。

（四）课程评价保障

1.知识结果的最优取向

测试评价以学生的同一内容考试的最优成绩为最终成绩。

以"周测月评"的形式对学生进行阶段性的测试评价。鼓励在周测月评中进行考点乃至考题的原题重现，让学生得到反复多次的训练从而真正地掌握知识。

2.行为结果的变化取向

用"双微变化程度"衡量师生行为效度。"双微变化"指的是教师课堂教学行为的"微改进"程度和学生课堂学习行为的"微变化"程度。

教师课堂教学的"微改进"活动就是以"一课四备"的课例分析为主要形式的教研活动：一个月四次的教研组活动提前一个章节（或一个单元）进行集体备课，第一次上课以梳理课堂的结构为主，第二次上课以完善流程为主，第三次上课以细节、技巧为主，第四次上课进行综合性的评估。总共须经历四次集体备课方能形成对这个章节或单元的课堂教学模式，从中观察教师的渐进变化情况。

学生课堂行为的"微变化"活动指的是加强班级课前"四整理"活动：课前组织学生对"卫生、物品摆放、上课用书（具）、坐姿"进行整理，确保学生快速进入学习的状态，长此以往形成良好的学风，从中观察学生的渐进变化情况。

3.素养结果的持续取向

学校秉承"正向变化就是教育质量的提升"的评价原则，考量学生"德智体美劳"五个方面的变化。

德变：语言越来越友善，行为越来越规矩；

智变：学科成绩越来越好；

体变：身体越来越康健；

美变：形象越来越优雅，兴趣越来越高雅；

劳变：适应变化越来越快，生活方式越来越好。

学校以"师生有信仰、学校有力量"为根本，以课题研究、师能研训、教育创新、多元评价为载体，凝聚教师"厚德励学、同创共进"之育人信仰，为培养前茅英才更加美好的明天而不懈奋斗！

基于每个学生都能得到发展的系统性教育思考

我国正在由人口大国向人力资源大国、人力资源强国转变,教育要适应国家经济社会发展对人才的需求和全面提高国民素质的要求,必须"坚持教育为社会主义现代化建设服务、为人民服务,把立德树人作为教育的根本任务,全面实施素质教育,培养德、智、体、美全面发展的社会主义建设者和接班人,努力办好人民满意的教育"。然而,作为一线的教育工作者,笔者深感学校教育在人的教育过程中不过是一支重要力量,而不是教育的全部,新时代的教育应还原教育的本来面目。为了让每一个学生都能得到发展,教育必须回归其系统培育的正轨。

一、学校教育"重"、家庭教育"轻"、社会教育"乱"的思考及问题解决办法

学校教育历来是政府的主要职责,在设施配置、人员配备、制度管理、资金投入等方面都得到优先保障,在办学方向、目标、措施、效果等方面都有明确界定和评估方法,教育质量相对稳定。然而,众所周知,家庭教育是教育体系中的基础单元,家庭教育是教育的起源并贯穿人的终生,只是它在现实中缺少法理依据,即便《中华人民共和国教育法》《中华人民共和国义务教育法》《中华人民共和国未成年人保护法》等法律法规中都有明确表述,并得到了一定程度的有效实施,但法律无法保障家庭教育的质量,无法追究责任人的义务履行情况,也就是说,家庭教育依然缺少办法和有效的执行路径。至于社会教育,近年来虽然随着经济发展和社会需求的不断变化而呈现出了多元发展的态势,但多头审批、多头监管的现实导致无证办学、越位办学等现象时有发生,教育质量更是缺乏有效监管,更妄谈引导,致使"学生校内不补校外补""教师校内不做校外做""成绩校内不考校外考"盛行。社会教育与学校教育的关系表现为截然相反,而不是相辅相成的促进,一定程度上扰乱了教育的和谐氛围,在心理和金钱方面加重了人民群众的负担。良好的教育原本应是学校教育、家庭教育、社会教育三者的相辅相成，如今虽全力保障了学校教育，但其实效果未必佳。那么，这样的状况如何改进呢？笔者谈三点做法。

（一）创新教育宣传，引导家庭对社会教育的需求，形成良好的教育舆论氛围

现行教育宣传渠道主要有三条：其一是政府主导的党报党刊教育专版，其二是各个教育单元的自我对外宣传（学校、机构、教师和学生个体、媒体等），其三是各个教育单元的内部宣传（如校刊、班刊、校本课程等）。三条渠道的宣传策略都有待改进，对此，笔者有如下设想：

1.在教育专版中开设"每日专题"。党报党刊可根据教育职能板块划分来确定"每日专题"的主题，对基础教育、职业教育、社会教育、家庭教育、高等教育、学前教育等进行分门别类定主题的宣传，内容紧扣当前工作，回应人民群众关切，争取做到信息及媒体平台全覆盖，当然纸媒的版面和篇幅可根据需要来确定。为此，党报党刊应建立自己的"宣传作者专家库"和通信联络部门，相关协调和监管工作可由宣传部牵头，媒体（平面、网络、通信等）与教育系统（局）组织，联合相关部门成立"教育宣传联席"机构（人员各自管理，不额外设编）。

"每日专题"主要肩负如下使命：一方面是主导宣传，及时发布教育权威信息及动态，展现教育正能量、增强教育品牌及活动辐射面和影响力，充分展现"接地气""贴群众""讲民生""真改革""保发展"的教育宣传魅力，以"真做""敢做""能做"引领教育高位发展，让人民群众可以凭借"每日都可见、可听、可议的教育"宣传来疏导疑虑，增进对教育理念的了解和理解，表达教育诉求和内心关切；另一方面是通过宣传教育的多元发展与评价，引领社会追求"基于现实的、有差异的教育需求"，以及在教育选择上达成适合自己的"各美其美、美人之美、美美与共"，保障我们的教育可以为社会大发展提供不同类型的人力资源需求。

2.加强对各教育单元（单位）的教育类宣传审核，适当向弱势教育单位及个体倾斜。比如可适当制定《教育宣传行为准则》等约束、规范机制，引导教育宣传的方向，营造良好的宣传氛围，确保教育宣传的公平公正；可适当关注和发掘弱势教育单位及个体，如适当增发义务教育薄弱学校、进城务工人员子弟学校的办学亮点及特色宣传，通过"宣传帮扶行动"带动薄弱学校、进城务工人员子弟多的学校攻坚克难、主动缩小差距，进而推动义务教育均衡发展。

3.筹措资金、增加预算,扩大教育系统内部刊物的宣传覆盖面,提高教育宣传渗透到每一个家庭单元的力度。增加预算,保证教育系统内部刊物可以全数免费投放到每一个学生家庭,让每一个学生家庭成员都可以定期阅读相关内容,与教育保持"零距离",在潜移默化中提高家庭教育的觉悟水平和教育能力,为提高全民素质、渗透终身教育服务,提高人民群众对国家教育的知晓度和满意度,为社会发展提供"教育及人才培养认同"的基础氛围。

(二)创新教育联合执法机制,引导和规范各类办学行为

创新教育联合执法机制,以更好地保障各类教育行为的规范,特别是社会教育在准入、过程监管、退出等环节的规范,用运转良好、有力有效的机制,引导人民群众对社会教育的需求,切实化解当前社会教育"人人可管,但又人人管不全"的尴尬局面。

(三)强化社区教育配套功能,促进社区成员良好行为养成

在社区管理网格化、微格化实践取得实效的成功基础上,融入相应的教育职能,如市民道德行为规范引领、社区成员诚信引领、社会家庭教育引领、社区学生生活实践引领,采取学校与社区联动、企业与社区联动等方式,使社会教育、家庭教育可以以社区为落脚点和共融点持续推进。总而言之,社区教育的普及是提升全民教育素养的有效途径。

二、义务教育入口"重"、过程"轻"、衔接"弱"的思考及问题解决办法

国家在义务教育均衡发展方面,明确了解决进城务工人员随迁子女平等接受义务教育的问题,并制定了适应城乡发展需要的当地参加升学考试的办法。可以说,进城务工人员随迁子女平等接受义务教育的问题已经得到了有效解决。但是,连同进城务工人员在内的"群众择校"愿望依然强烈,义务教育的"学校择生"愿望同样强烈,义务教育入口学校的生源争夺战屡禁不止。

义务教育在课程实施过程中"一把尺子量天下"现象长期得不到有效解决,过度强调终结性评价即为优秀高中服务,学生在成长过程中的非智力因素虽然得到了不断重视和鼓励,但在高一级(类)学校招生录取中并没有得到充分的体现,对应试的强化训练已渗透到了日常教学当中。中小学生的课业负担虽然在不断减轻,但学校和家庭留给学生了解社会、深入思考、动手实践的时间仍然明显不足,学生在课外和校外的活动仍有待丰富。

在小升初、初升高起始年，由于各学段的教育目标、模式、方法因学生的心理及生理年龄差异而略有不同，尚缺乏系统的、可推广的衔接手段，极易造成学生在起始年级学习生活开局不顺及后继学习生活（包括心理）障碍。学校罔顾学生的不顺和障碍，仍然在各学段重复学习、过度学习来完成学生的起始"适应"，致使学生的问题长期得不到有效的解决。

针对以上问题，笔者给出如下解决办法：

（一）创新终结性评价，引导义务教育学校办学方向

在学校终结性评价中引入分类评价机制，对学校学区内学生、学校学区内进城务工人员子弟学生、学校择校学生进行分类评价。评价常模可设定为：标准班相应成绩学生数＝相应成绩学生总数÷学校标准班数。其中的学校标准班数＝学校学生总数÷标准班额。

对终结性考试（小学毕业考、中考）进行结果绝对值评价排序。其中，对社会反应敏感的择校生评价部分，应视两种情况区别对待：其一是择校比例在主管部门划定范围内的，可参与排序评价；其二是择校比例超过主管部门划定范围的，不参与评价。

对终结性考试（小学毕业考、中考）进行结果变化值评价排序。对各义务教育学校进行年度排序变化比较，突出进步值。

（二）创新过程性评价，引导义务教育学校实现办学突破

评价学校办学质量，要力争由"只看终点，不问起点"的主观片面评价过渡到"既看终点，也量起点，突出变化"的科学全面评价，引导各类学校多从"变化"上找"突破"，实现"大家不同、大家都好"的自我认同。具体操作方法如下：在起始年级进行初始化统测并进行数据排序，建立比较基础数据库；学习过程中的每次统测在进行数据排序后，均与基础数据库比对，计算出排序变化值；根据"绝对值"和"排序变化值"进行分类评价。

（三）创新办学形式及内容，以"多元发展"促"多元选择"

1.构建"跨学段校际联盟"，突破学段衔接的瓶颈

根据学区划分，实施教学责任区划分，以一所初中带若干所小学开展联盟办学，利用联合跨学段调研和实践，着重解决学段衔接中的教育问题，提高学生培养的效益，切实减轻学生重复学习、短期突击的过重的身心负担，使中小学校可以更

加从容地根据教育规律和学生的身心发展规律开展教育教学活动。

2.构建"学段内校际联盟",突破优质教育的闭锁

通过校际资源共享,使学校的人、财、物等要素合理流动,增强优质资源的辐射和覆盖面,加快相对薄弱学校"改造",利用信息技术推进优质课程资源、课堂资源的校际共享,以"优"带"弱"、以"强"扶"弱",通过校园文化内核的快速移植、教师队伍的快速整合,实现区域内学校教育、教学水平的"优更优""弱变优",从而实现教育质量的整体提升及优质均衡。

3.构建"多元课程体系",突破教育品种单一现象

各中小学校在认真执行国家课程标准的前提下,应着力构建适合本校不同学生发展的课程体系,满足学生不同的发展需求,包括以国际视野为方向的国际教育准备课程、以入职为方向的职业教育准备课程、以精英优才为方向的高中教育准备课程、以生活生存为方向的社会适应准备课程等。

三、中等职业教育学校主导"多"、行业指导"少"、企业参与"难"的思考及问题解决办法

国家在中等职业教育方面,为了增强职业教育吸引力,明确提出了完善职业学校毕业生直接升学制度和拓宽毕业生继续学习通道、提高技能型人才的社会地位和待遇等一系列支持政策,建立健全了职业教育政府主导、行业指导、企业参与的办学机制,有效地促进了职业教育的高速发展。

然而,中等职业教育的吸引力仍明显滞后:一是中职学校与普通教育缺乏沟通或沟通尚浅,学生在入读职校前对职校相关专业缺乏起码的了解和适应性体验,因此,学生在报读职校时选择依据少;二是中职学校的专业设置、培养方式、技能学习"不接地气",学生入读后在职校调整专业的可能性和方式有待突破,导致学而无用,毕业就不了业或就业困难;三是用人单位满意度不高,学生入职后还要重新进行适岗培训,企业参与职校的机制尚欠多元化;四是"读不了高中才读职校"的思潮及"大学成才"导向制约学生报读职校的热情,"行行出状元,不唯文凭论"的社会舆论和宣传力度尚缺乏;五是中职学校与高职院校的对接力度也有待突破,包括专业设置有待衔接、录取方式有待突破、学习实践与就业需求有待理顺等。

此外,当前各类职业学校(院)均聘请一定数量和质量的"实训教师",也储备

一定数量的社会人力资源作为学校专业课程的校外特聘教师,这些人都不占用学校原有编制,造成流动性较大、教学难保障、质量易波动等弊端,且因为与企业用工脱节,导致"学、训不足以用"的现象时有发生。

为了解决以上问题,笔者提出如下办法:

(一)在初中灵活开设职业体验课程,引导学生职业选择的方向

1.对有志愿就读职业学校的学生,在自主申请的前提下,为学生设置适合的职业体验活动课程,通过主动联络中职学校、企业和社区,充分利用三方资源,有计划地引导这部分学生根据自己的兴趣从事相关的体验课程,从中发现自己喜欢且擅长的专项,并据此报读相关的中职学校和专业。

2.面向全体学生,充分利用我市丰富的企业资源,建立专业齐全、层次鲜明的职业了解主题实践活动课程,纳入课程(地方课程)体系,让所有的初中生都有充裕的时间和空间去了解和选择自己的职业未来。如设计每学期一次、每次一个专业的主题实践活动课程,则初中阶段将有 6 次、6 个专业的实践体验;设计每学期两次,则初中阶段将有 12 次、12 个专业的实践体验……这必将大大提高初中生"我的未来我做主"的职业选择能力,提高"量好自己的才""选好自己的学""择好自己的业"的职业培训及就业质量。

(二)盘活市、区(县)职教中心,承担职业体验课程教学和创业实践指导

1.以县、区为单位,统筹管理课程设计、教师配置等因素,系统谋划以各初中学校学生流动轮训的形式向全市初中生免费开放,引导各初中学校列入课程体系必修计划。

2.适当发挥创新区(县)职教中心的实训基础功能,在有效监管和审报的基础上,规划"学生创业实践园",为学生"学以致用"创设支撑平台。

(三)拓展企业人力资源部职能,承担职前专业宣传、适岗实训

1.企业人力资源部可面向初中生(特别是有意向入读中职学校的学生),宣传宣讲本企业的发展规划、岗位设置及适岗人选分析等,增强企业的吸引力,为即将入读职校的学生提供多向选择的参考。

2.企业人力资源部面向在读中职学校学生,建立预入岗人员资信库,对企业适岗人员定期跟踪促进其联谊沟通,增进企、人共识,形成共需愿景。

3.企业人力资源部面向有意向进行适岗实践的学生,提供企业实践平台及指

导,指导内容包括企业文化、生产技能、个人入职规划等等。

（四）变革职校管理模式,引入用人单位特别是企业资源,采用可进可退、可变可调的运行灵活的"校企联合办学"机制

1.企业根据每年高中、职校的招生规模,结合企业适岗人员资信库,尝试校企联合定向办学,学额按岗位数1.5倍设计。对于中职学校特别优秀的毕业生,可以尝试推荐入职后带薪（协议）入读本地高职院校,为各企业储备高级技术管理人才。

2.建立职校、社会、企业联动职教模型,共同推进现有中职学校的专业设置整合,比如开设入职企业的预定向班、自主择（创）业班等。入职企业预定向班教学,可由对口企业派出"实训教师",适当提供企业对口实岗,以对口企业规范化实践来培训学生,使学生实训贴近实际生产,提高实际操作技能;自主择（创）业班教学,可聘请社会对口专业的创业成功人士作为实训教师,以实际经验和实践来培训学生,使学生实训贴近生活实际,提高生存技能。

（五）加强中职学校与高职院校的办学衔接,实现"中职生的大学梦"

政府主导,大力推进高校办学改革和高考录取改革,引导大学切实分类发展,比如区别学术性大学和功能性大学,抓住机遇,加快本地大、专、职业院校与中职学校的衔接,引导中职学校与高职院校在专业设置、人才输送、教师互补、自主招生与录取等方面积极合作,根据需要引入相关企业资源,开展联合办学,为地方培养和输送越来越高、精、尖的适岗型职业技术人才等,圆"中职生的大学梦"。

坚持以人为本、全面实施素质教育是教育改革发展的战略主题,核心是解决好培养什么人、怎样培养人的问题,目标是培养德智体美全面发展的社会主义建设者和接班人,重点是提高学生的社会责任感、创新精神和实践能力,推进思路是坚持德育为先、能力为重、全面发展。柳州教育发展的成就有目共睹,如何在高位运行的基础上实现高质量持续发展,应是未来一段时期柳州教育人共同思考的命题,这道题有没有解,关系到能不能为柳州经济社会发展提供各类充足人才的问题;这道题解得如何,关系到能不能为柳州经济社会发展提供充足的优质人才的问题。柳州是一个多元化的城市,自然应该有多元发展的思路,更应该有多元化的人才培养机制。期待柳州的教育发展,能够从成功走向更加成功,拥有更加光明灿烂的未来!

敢担当,引教育至善;求创新,追教育极美

非常荣幸地成为全国第二期"名校长领航培养工程"学员,非常荣耀被杭州师范大学培养基地选定,这是我们教育实践再出发的起点。

在杭州师范大学培养基地的精心组织下,我们不断提升理论素养,缩小差距;坚持深耕学校管理、办出特色;继续创新教育教学,办出质量;坚定优化师资队伍,办出品牌。

在专家、导师团队实地实证的悉心指导下,我们率先垂范,努力做好教师的后盾及后勤,努力把教师放在课程的中央,尊重教师的道德智慧。

在校长工作室全体成员的共同努力下,各成员校长律己示范,努力亲近学生,到学生心中去,努力把学生放在课堂的中央,充分尊重学生自信、互助、悦己、容他的品质发展。

我们坚持引领规范,努力开展以认同为中心的精神共聚活动,增强师生和谐、师师共融、家校包融的生活,在共同信仰中凝聚力量,在生荣、家荣、校荣的共进中创造学校价值品牌。

我们带领全体工作室成员,与所有工作室成员一道,坚定而友善地从最后一名学生做起。坚持师生彼此的尊重,坚持师生各自的执着,脚步扎实、时间充实、内容落实、方法务实、效果真实。

我们严格遵守并执行教育部名校长领航班的培养方案和工作室活动建设方案,把工作室建设成"基于学校实证探索的校长研习共同体",共同思考、共同实践、共同发展,努力让工作室所有成员校校长有所发展、教师有所发展、学生有所发展,教育探索不停步、信念不移步、理想不退步,坚定而友善地让学校出彩!

一、领航校长是教育担当的卓越者

卓的释义是"高超的;独特的",越的释义是"跨过;不按一般次序;超出"。作

为校长集群的领航者,必然是校长中的卓越者,领航校长应做坚持贯彻党和国家教育方针的模范,坚持以师能为核心,坚持以生能为根本,坚持以课程为路径,无论时空及地域变化,无论因校而异的办学理念和课程选择,无论因生而异的课堂教学和效益评估,无论因师而异的师能发展和保障管理,均能在治学理校的道路上遵循"研究校史、明晰现实、预设未来、专注实施"的奋斗路径,创造百花齐艳、万嫣共娇的学校文化、特色、管理,体现学生有发展、教师有发展、学校有发展、教育有发展的奋斗效果,才能不辱时代使命,无愧人民教师之光荣。

其一是要担当国家教育战略的解读者和执行者,教育是承载国家战略发展的基础之一,教育必将成为中华民族伟大复兴的关键路径。

我国已由人口大国向人力资源大国转变,并将迈向人力资源强国,因此,教育的发展要面向未来:既要立足当前解决突出问题、满足现实需要,又要着眼未来、明确长远目标和任务;既要培养满足我国当前发展需要的各类人才,又要培养更多引领经济社会未来发展的杰出人才。教育的发展要适应经济社会发展对人才需求和全面提高国民素质的要求,还要顺应人民群众对接受更多更好教育的新期盼。

其二是要担当区域经济、社会发展的教育支撑者,教育是区域社会发展的支撑源之一,教育必将为城市战略发展提供充足的人才储备。

在城镇化的进程中,农村及外地人口不断向城市迁移和聚集,并转化为本地城市人口,核心是这些人是否具备了留在本地城市的基本素养和技能。

在城镇化进程中,农村地貌转变为城市景观,城市特质文明覆盖农村,农村生活方式向城市生活方式转变,关键是这些是否能持续维持和固化,核心是这些文明是否得到这些人的认同并发自内心地维护。

在农村传统自然经济转向城市社会化大生产的过程中,必然带来产业结构、生活生产方式的转变或变革,而人口文化素质不断改善、在城市居住超过一定期限人员(特别是农民工)的生活质量(特别是能否公平获得公共服务)尤为关键,这其中也包含公平享有教育。

这其中,最关键是要发展人,发展人的关键和主载体是教育。

二、领航校长是教育至善的引领者

校长之善,在于其视师如邻,爱生如亲,业务精湛,授课课风独特,严谨中不乏和蔼;在于其博法善研,涉猎多广,潜心调查,热心帮扶地区教育;在于其善做教师同伴,喜与学生同路,擅长综合治理,熟悉学校整体改造;在于其决策时既慎独,也能横刀立马、果敢决断;在于其过程指导时既客观公正,又能渗透细腻人文;在于其督查评估时既全面严格,又必会留有回旋并指明方向。

教育之善,在于让教师每天都能闪光。教师是学校教育活动的主角,以教师为中心的学校常规活动,每每体现教师的道德智慧,教师主体作用发展的层次,决定着学校常规管理的水平及质量。积极营造利于教师施展才华的环境,科学设计利于教师创新的制度,将是学校持续健康发展的根本。

教育之善,在于让学生喜爱每一节课。学生是学校所有工作的落脚点,要把学生乐不乐意、主不主动、有不有效等当作所有工作的出发点。课堂教学是学校生活的主体,以学生为中心的教学活动,应该把学生放在课堂中央,充分地让学生发展自主、互助、悦己、容他的品质,并在此创新体验中获得知识及技能。

教育之善,在于让兴趣特长充分生长。学校的核心功能是教育,而课程是教学的主要载体,但学科教学并不是教育的全部,应该充分挖掘并发展利于学生素养培养的多元课程及活动,在国家课程、地方课程的基础上,大力整合开发校本课程,让师生在不同的课程体验中培养兴趣,不断明晰自己的生涯发展规划。

三、领航校长是教育创新的先行者

领航校长肩负的不仅是思想引领和实践创新的重任,还有人才培养和服务社会的责任。一般情况下,校长会下意识地把自己封闭于校园之内,仅仅关注自己的学生、教师和学校。领航校长除此之余,还会关注社会、国家和民族的事务,会以跨时代、跨国别、跨行业、跨学科的意识方法,主动寻求教育的时代本质,有自己的教育思想、创新精神、实践能力、社会责任等方面、维度的独立主张。办学治校不搞"轰动效应",远离教育的跟风潮、伪创新和瞎折腾,而这其中,最为重要的是领航校长的思想示范引领,其价值远远超出办好学校本身。

教育创新,新在多元。教育效益的呈现是多方面的,学科学业考试是最核心的评价,但却不是学科学业质量的唯一维度,更不能代表学校教育效益,在衡量维度上,应不断发展以隐性表征变化为维度的评价,如态度、品质、性格等变化,在同一维度的评价上,在坚持结果性评价的基础上,大力发展以在学习过程中的变化值为中心的评价活动。

教育创新,新在发展。发展是收获,即在原有基础上有新的收获;发展是积累,发展的过程就是收获的积累。创新是路径,即在原有基础上有新的路径;创新是优化,创新的过程就是路径的优化。发展就是微小创新的不断积累,创新就是持续发展的路径。

教育就是师生的创新发展。作为教师,不能用昨天的知识教今天的学生去面对明天的挑战,为了学生更好的明天,教师必须行走在终身学习的路上,在教育教学中不断充实新知识、运用新方法、取得新效果;作为学生,每天都应努力地在德、智、体、美、劳方面全面向前发展,为了每天的向善向上,学生必须持续地铸造适应未来的必备品格,形成把握未来的核心能力。在此过程中,师生应在课程和实践经历中共同创新、共同进步,形成师生命运共同体。

教育发展就是课程创新。课程规划创新发展应该兼顾德、智、体、美、劳均衡发展,兼顾教师、学生、家长、社会协调发展,兼顾学校阶段目标、综合评价统筹发展。课程实施创新发展应该体现学科学习需求(以生为本)、体现学科逻辑流程(以师为本)、体现学科评价目标(以质为本)。

管理创新是教育发展的保证。学校战略性思考(理想及愿景)是管理的核心:一是学校精神塑造(包括办学目标、理念、制度、流程、评价),即学校常规体系;二是学校课程规划及实施(包括课堂教学、班级管理、教科研实施、质量评价),即学校课程体系;三是学校师能促进方案及实施,即学校师资保障;四是学校品牌计划及实施情况,即学校文化促进。

学生创新是教育发展的目标。包括创新获得新知识和新能力的模型、创新适应个体外部环境的模型、创新改造个体及外部的模型。

四、领航校长是教育极美的传播者

教育极美,美在信仰。学校是有共同理想、价值观的师生共同体组织,师生有无共同的信仰,是衡量学校有无力量的重要标准,应该大力开展以认同为中心的精神共聚活动,以主题实践活动为平台,在共同信仰中凝聚力量,不断增强师生和谐、师师共融、家校包融的生活文化,在生荣、家荣、校荣的共建中创造学校价值品牌。

领航校长根据教育部相关文件精神和基地培养方案,借助“深度学习”“导师指导”和“示范提升”三种培养方式,围绕“个人教育思想凝练”和“名校长工作室建设”两大任务展开。其中,“名校长工作室”将在省(区)范围内寻求志同道合的校长伙伴,共同研学论教,恪守学术品格,恪守学者底色,恪守言传身教,在实践和学习中守则、主动、淡名、奉献,日日努力,久久为功,努力做到如下:

始终坚持德育为先、立德树人,着力研究"为谁培养人"的问题,努力使学生不仅涵养了丰润的家国情怀,还明亮了具有国际视野的世界眼光。

始终坚持智育为核、终身学习,着力研究"怎样培养人"的问题,使学科教学的落脚点不仅是学科知识、技能、思维的传递,还承载着学习习惯、方式、路径的浸润,核心是形成解决未知问题的能力。

始终坚持体育为基、健康生活,着力研究"培养保障"的问题,安全、法治、卫生等社会秩序及环境保障,不仅影响着国家社会的稳定,还潜移默化地影响着每一个人生存技能的储备,对个人的生活形态具有决定性作用。

始终坚持美育为根、情趣高雅,着力研究"培养评价"的问题,审美判断是世界观,特别是价值观的重要外显体现,社会主义学校教育是实践社会主义核心价值观的主阵地!

始终坚持劳动至上、奋斗为实,着力研究"培养路径"的问题,要积极引导学生把在德、智、体、美实践中形成的关键能力和必备品格充分地运用于为国家、社会创造价值的劳动中去。

五、领航校长是自我优化的示范者

(一)领航校长应始于"知识结构调整"

我们是从一线学科教学起步的。

因为教学优秀,我们当起了教备组长、教学主任;因为带班出色,我们获任年级组长、德育主任;接着,我们变成了副校长;再接着,成为了校长。

然而,我们可能很少、甚至从未深层次地思考过:从教师到中层分类执行,再到主管副校长管理,直至校长决策调控,在不断的角色变换中,以什么保证工作的绩效?

教师的教学、中层的执行、副校长的主管、校长的决策,分属于不同的知识板块,决定了这四种人的工作内容和性质是各不相同的,需要分别定义和界定。

角色的定义各异促成各自角色的行为也不尽相同,因此,不同角色的工作应有不同的工作流程和技术,我们应在不断的角色变换中,及时补充各类角色知识,建立和妥善处理各角色的关联协调,才能保证我们各自角色的工作质量。

(二)领航校长应立于"思维结构改善"

校长要对学校场域内的各种角色、各项流程进行梳理,并以"小课题研究"为载体,对理论研习和学校校本实践进行融合联结尝试,有力推进学校的教育教学改革。少一些戾气,多一些交融;少一些浮语,多一些静思;少一些急功,多一些远虑。

校长的思维体现于他的远见卓识、教育哲学观、管理哲学观等,他影响着学校的发展;校长必须具有良好的前瞻性和定向性,才可能去进行协调、组织、管理和建设学校的相关发展策略。特别是在学校的整体构设及发展中,多一些"山不过来我过去"的就他思维、"愚公移山"式的自力思维、"横看成岭侧成峰"式的适恰思维、"美美与共"式的价值思维。

(三)领航校长应行于"能力结构优化"

曾有幸获推荐跟随"中国基础教育考察团"出访日本,日本中小学教育对校长的能力要求及选拔相对于国内而言,是比较系统和科学的,比如:教职员工全部纳入公务员管理,过了40岁的教职员工,不论身处何岗,每年均可申请进行校长任职资格考试,教育主管部门每年根据校长职数及补充规划,放大一定比例从中进行校长后备人选遴选,入选后必须到教育主管部门各科室轮岗实习(两年),经考核过关后,派送边远海岛教学点任教(两年),然后才根据岗位空缺调回任职。因此,初任校长的年龄,几乎均在50开外,这是一个知识基本全面、经验基本丰富、性格基本稳重、关系基本覆盖、能力基本优化的年纪。

反思我们的成长,过多地依赖于前辈的经验,多岗锻炼少,跨校实践少,横联纵协的网状关系稀,往往是在众多相关能力缺失的背景下,仓促被扶上马。

校长作为学校引领者,应着重战略思索能力优化,在学校的过程要素管理中,自觉完善"必要能力、核心能力、增效能力"的整合建构。

(四)领航校长应成于"教育价值坚守"

作为校长,应遵循规律,用学习促进问题解决,维护事业自觉性和坚定性,把教育好每位学生、人民群众得教育实惠作为工作落脚点。

作为校长,还应突出实践,用校本研究引领学校建设,坚持学以致用、学用结合,突出实践特色,创新实践载体。

作为校长,更应致力于学校内涵发展,科学谋划创新办学,熟悉教育发展规律、人才培养规律、学生成长规律,及时思索学校应实现什么样的发展,该怎样地发展,应着重在办学理念创新、未成年人道德建设、教师专业化发展步伐、班级文化建设等方面运筹。

教学环节的执行

环节是指在某一事件过程中经历的活动的统称。环节的冗余度决定这一事件过程的效益。在环节设计过程中,既要遵循必不可少的原则,还要遵循适度舒缓的要义。

教学包含候课、课前师生问候、课中、课后四个基本环节。

候课预报

候课是一堂课开始的预报,教师应该在上课预备铃响起时到达指定教学班级。

老师的候课位置有讲究。一般常态下站在教室的前门位置,也可以站在教室走廊外的窗前,还可以站在教室讲台前,如果全班学生已经安静就座,还可以进行教室内巡视。务必让学生看到自己,并能够渐渐地安静下来。

老师的候课动作有讲究。不仅要检查自己的着装及形象是否有疏漏,还要检查教学资料及用具是否有疏漏;不仅要环视教室内部,观察学生入课状态,还要进行有针对性的提醒;不仅要对讲台及黑板进行整理,还要对教室里的秩序进行整顿。

教学物理环境准备是候课的重点。

问候启课

师生问候是一堂课开始的信号。教师应该执行师生问候的规定程序。

"上课、下课"口令由老师发出，应该做到短促有力，在口令发出前，教师应环视教室一周，集中学生的注意力后发出口令。

"起立"口令由学生发出。应该在教师发出上课或下课口令后迅速应答发出，不能间隔太久，同样要做到短促有力。

"同学们好、同学们再见"问候语由教师发出。问候语发出前教师应该让同学们按照立正姿势全班站好，教师发出问候语的同时要鞠躬行礼。

"老师好、老师再见"问候语由全体学生整齐发出。应该在老师发出问候语后迅速鞠躬行礼，应答完毕后保持立正姿势站好。

"请坐下"指令由老师发出。在每一次学生站立以后，老师均应发出此口令，以示对学生的尊重。

老师们在实际的操作中，可以设计富有个性和特色的师生问候语流程。

课中导学

课中是一堂课的执行重点，教师应该保持具有相对稳定性的基本常态流程。

"引入"是课中执行的第一个环节，应该具有承上启下的功能。

"目标任务"是课中执行的告知义务，应该明确展示或告知本节课的结果性获得。

"讲解"是课中执行的重心，应该包括知识技能串讲和例题示范。

"练习"是课中执行的关键，应该包括自我尝试和集体讨论。

"整理"是课中执行的核心，应该包括自我记录和集中点评。

"课后任务告知"是课中执行的延续，应该包括自我巩固和延伸拓展。

课后巩固

课后是一堂课的执行巩固，师生应该保持具有相对稳定性的基本常态流程。

"教学信息整理"是老师课后必须完成的规定动作，应该着重反思教学预设和课堂执行的差异性。

"作业信息整理"是师生课后应该完成的核心动作,应该着重反思学生习得和缺漏的差异性。

"师生信息交流"是教与学课后改进的关键基础,应该着重反思情感态度价值观的差异性。

"备课及预学"是师生教学的循环起点,应该着重进行自我思考、学术讨论、设计优化、自我尝试。

教学质量差异

教学活动的价值和意义,通常用教学质量来衡量,定义为:通过教与学的活动,满足需求的变化值大小。

没有固定标准

教学质量通常有两个主体维度:其一是老师教的质量,其二是学生学的质量。

教学质量通常有两个客体维度:其一是教师的预设与结果的差值,其二是学生的预设与结果的差值。

就同一教学事件,主体和客体的观察点及评价值存在差异性,形成不同的评价标准和质量表述。

内涵及外延

教学质量的内涵指的是学科思维素养的高低,不会轻易随着外部条件的突变而发生显著变化,它的变化属于微渐变。这种素养需要老师和学生经过长期的重复演练和经验的不断积累。在内隐上表现为思考的独特视角,在外显上表现为独特的处事步骤和流程。

教学质量的外延指的是学科知识技能的高低,会随着外部条件的改变而产生即时变化,它的变化属于应激反应。这种能力需要老师和学生短期内强化记忆和针对性巩固。在内隐上表现为有灵敏的知识判断,在外显上表现为有严谨的过程直觉。

价值的层次

教学质量往往呈现出不同的价值层次。

在知识与技能方面往往体现出非记忆结果和理解的层次性差异。

在方法与过程方面往往体现出逻辑思考和理解的层次性差异。

在情感态度价值观方面,往往体现出获得感与愉悦感的层次性差异。

在同一教学事件中,因为在期望值、过程性表现、结果接纳度等方面存在差异,更需要教者与学者的价值趋同,才能获得更高的教学质量。

教师能力发展

一个学校课程执行好坏的关键是老师。从职业的定义上来说,教师是一门具有排他性特征的职业,在教育心理学、教育管理学及学科教材教法三个方面区别于其他职业。这也是师范类专业和非师范类专业的本质区别,也是与其他同等学力者的重要区分标志。

区分教师能力的标准大致有四个方向:对教师职业具有浓厚的热爱情感,具备专业的学科知识素养,拥有良好的沟通技巧,储备充足的经验案例。

勤于自我修为

师能提升需要经过常态自我修为来获得:每天自觉阅读,通过汲取外部资讯养分,及时地了解教育的发展方向,不断地优化自身的素养结构,获得与社会经济发展相匹配的知识储备。

善于自我解决

师能发展需要经过常态自我解决来获得:每周自觉反思,通过分析教学现实中的问题,研究实际情境中的学生习得,不断地优化自己教育教学的思路和设计,获得与学生发展相匹配的技能储备。

专于自我练习

师能发展需要经过常态自我练习来获得:每月自觉训练,通过寻找适合的题目,尝试自我解题的规范,追求讲题的逻辑严谨,实现编制题目的适恰,获得与教师发展相匹配的资源储备。

强于自我规划

师能发展需要经过常态自我规划来获得:每学期自觉设计,通过挑选适合的课时方案,整合适合的单元教学计划,优化适合的周期性改进,物化适合的阶段性成果,获得与评价发展相匹配的经验储备。

学校干部的外部特征

学校治理的关键在于有一支执行力强的干部队伍，是有明显的外部特征的，也就是有肯干、愿干的态度，有敢干、勇干的意志，有会干、能干的方法。

"喜欢并愿意"

作为一名学校干部，应该主动积极且不用指令式地完成本职管理工作。要有事必躬亲的态度，并且在工作中始终能够处于自己分管事务的第一线，带领老师们一道工作，和老师们一道工作，不用或者极少使用下属来代劳自己的工作，也不用或者极少被上级督办或者催办。

这实际上是一种自我定位和态度问题，在行为上表现为"喜欢并愿意"，也是我们甄别和选拔干部的第一要素。

"就事不就人"

作为一名学校干部，要敢作敢为，在做事的时候要坚持制度、坚守事实，在追求做事的效益方面不护短、不遮丑、不回避，对下属及工作的进程要有敢甄别、敢追责和敢纠偏的勇气。能够一针见血地讲问题，不搞阴阳脸，在工作中也极少感情用事，能够很好地体现工作与感情的界限。

这实际上是一种自我选择和意志问题，在行为上表现为"就事不就人"，也是我们甄别和使用干部的核心要素。

"成事且助人"

作为一名学校干部,要巧做善为,在工作中能够根据不同的情境、不同的对象采取不同的策略,选择不同的流程,并且能够根据不同对象进行不同的绩效判断。在工作中能够让管理对象接纳自己的管理艺术,在心理上有比较舒适的接受并认同。工作效果及绩效经常性地超过原来的预期。

这实际上是一种利他选择和能力问题,在行为上表现为"成事且助人",也是我们评价和提拔干部的关键要素。

德育——价值取向的养成

当前学校德育有三种基本的实现路径：一是规矩的传递传授，使教育对象掌握相关的规则规范；二是行为的训练养成，使教育对象遵守相关的规则规范；三是信仰的追求培养，使教育对象形成符合标准的价值取向。

德育为先，育人为本，是当前学校教育的首要任务。学校德育是什么？学校的德育工作怎么开展？学校德育的评价标准是什么？

要回答好这些问题，更好地推进学校德育工作的开展，确保德育工作的有效性，符合国家利益的价值取向，应该对德育进行溯源，从中华传统文化的发展路径中寻找答案。

孔子——仁义礼

孔子曾经将"智""仁""勇"称为"三达德"，认为这是人必须要具备的三种基本素养。他还将"仁""义""礼"组成了一个系统：提倡爱人，就是要爱自己的亲人，爱自己身边的人，从而引申到爱一切人；提倡尊贤，尊敬自己的长辈，尊敬有见地的人，从而引申到尊敬一切人。把如何爱他人、如何尊敬他人的路径和方法，统称为礼。

从孔子的"仁""义""礼"的"原本"来看，德育就是为人的基本素养的习得养成。

孟子——四德(四端)

孟子把"仁""义""礼""智"称为"四德"或者是"四端",把"爱家人""尊长辈"作为"仁义"的基本修养,把在生活中积极"爱家人""尊长辈"的行动作为"礼"的基本要义,把始终以"仁义"作为人生信条的思想意识作为"智"的诠释,认为"仁""义""礼""智"是人的天性本能,天生就具有恻隐之心、羞恶之心、恭敬之心和是非之心,告诫人们在行为处事之中,不要忘记自己的初心本能。

从孟子的"仁""义""礼""智"的"性善说"来看,德育就是做事的基本规范规则的训练养成。

董仲舒——"五常"道

董仲舒在《贤良对策》一书中对"仁""义""礼""智""信"进行了新的诠释,他认为人立于天地之间,必须要遵守这五项常人生活伦理之规则。"金木水火土"的五行说、"平安、健康、幸福、快乐、长寿"的梅报五福、"仁义礼智信"的"五常"之道,共同贯穿并作用于中华伦理的发展历程中,构成了中国价值体系的核心。

从中华民族传统文化的发展历程来看,德育就是价值体系的信仰养成。

沟通的操作

沟通是学校各项工作的质量和效益的基础保障,一是通过沟通可以保障此项工作的必要性认同,让所有的组织成员都认同此项工作开展的必要性;二是通过沟通可以保障工作的预设流程的执行不走样,使所有的组织成员都能按预定的工作流程开展工作;三是可以保障工作达到原来预设的效果,使所有的组织成员都为达到预设效果要求而努力工作。

做好向上沟通

首先在工作中要做好向上级主管部门的工作沟通。在工作开展前,要主动向上级主管部门汇报工作的设计,要切实做到敬畏上级、敬畏权威,同时也要做到不卑不亢。在进行困难工作沟通时,不能仅仅局限于向上级提出问题和寻求帮助的请求,还要给上级提出工作解决的建议和意见,在提出工作的建议和意见的过程中,要设计多种选择方案供上级部门甄别和决定,尽量避免只给出一个单一方案或者是不给方案。

做好水平沟通

在工作的执行过程当中,还要做好水平的沟通,对涉及工作的相关部门及外联单位,都要做好换位思考,形成互相体谅、互相谦让、互相为对方着想的思维意识。在执行工作的过程中,积极主动地配合和协助平行部门,加强和外联部门及单位的信息情报交换交流,在工作中不要过于本位考虑、固守本位思维,要切实做到"首问首理",及时响应需求,对不属于本部门办理的工作事项要及时地进行转办和移办。

做好向下沟通

在工作执行过程中,还要做好向下沟通的工作,在带领部门及人员进行工作的同时,要主动关心和关爱下属,要以关爱为工作开展入口,以共同遵守规则和执行规则为工作执行出口。在带领部门所属人员共同工作的同时,不要高高在上、只指挥不参与、只动嘴不动手,要善于引导和启发,善于集众之长,及时收集大家的意见和建议,对工作流程和执行做出必要的有效性的调整。

课堂模型的选择

课堂模型的选择是老师进行教学必须要思考的首要问题,既能体现老师对课程教学观的认识,也能体现老师对学生学习观的认识。老师应根据学生的实际以及在学习过程中的变化,适合地选择相应的课堂模型,以促进学生学习的获得。

主体讲授课堂

对于那些知识储备少、批判性思维习惯还没形成的低龄段学生而言,适合采用教师主体讲授课堂模型。

在这样的课堂里面,一般遵循如下的步骤:教师先串讲知识,学生跟着听记;教师先示范习题解题过程,学生跟着模仿练习;教师先检查判断对错,学生跟着进行修正;教师先进行小结回授,学生跟着巩固。

主导传授课堂

对于那些有一定的知识储备、批判性思维习惯正在养成的高龄段学生而言,适合采用教师主导传授课堂模型。

在这样的课堂里,一般体现出如下的特点:教师先抛出学习问题,学生跟随思考解决;教师先提出学习困惑,学生跟随尝试解决;教师先提出学习矛盾,学生跟随讨论解决。

主动尝试课堂

对于那些知识储备扎实、批判性思维强的学生而言,适合采用学生主动尝试课堂模型。

在这样的课堂里,学生主体性学习行为得到充分展露:教师把整节课的教学环节以任务串的形式一并事先展示,学生根据自身的认知特点和思维习惯,在课前就进行自我尝试学习,并通过预做练习,进行学习效果评判,会对在学习过程中的知识性结论、技能性结论和经验性结论进行归纳、分类和强化巩固,并能根据这些结论自行调整自己的学习内容、路径和绩效思考。

适恰才是好

就教师和学生而言,从来就没有一成不变的课堂模型,在实际的教学实施过程中,师生都应该随着学生年龄变化、知识基础变化和思维发展变化,而适时地选择不同的课堂模型。

语文学业评价

　　语文是基础教育课程体系中的一门教学科目,也是语言文字、语言文章或语言文化的简称,也是听、说、读、写、编等语言文字能力和知识、文化的统称。

　　语文教学的核心就是教会学生阅读和写作,使他们能够用语言创造属于自己的精神世界,而阅读和写作的落脚点就是把真、善、美等价值体验用语言编辑和文字表达的形式展示出来。

　　衡量学生的语文学业水平,一般从以文交流、以文欣赏、以文思考的能力和展示来评判,通俗来讲,就是一个学生的听、说、读、写、编的能力和展示水平。

听的水平

　　听的水平包含两种基本层次:一是能够听清楚别人在说什么,知晓语言表达的真实意图;二是能够听明白别人在表达什么,弄懂文字承载的价值含义。

　　听的训练包含三种基本模型:一是要听经典的故事或事例,不断积累引用型经验;二是听生活的传议或点论,不断积累案例型素材;三是听情感的展示或判断,不断积累价值型的论据。

读的水平

　　读的水平包含两种基本层次:一是能够读清楚作者表述的基本事实,知晓内容的逻辑结构;二是能够读明白作者表述的基本价值判断,知晓作者所要表达的情感及态度。

读的训练包含三种基本的模型：一是读原著、读经典，从历史传承文化中吸收养分；二是在生活中读人品事，从事例中汲取价值判断的案例经验；三是在与人交流中读行感言，从察言观色中体悟和积累情感经验。

说的水平

说的水平包含两种基本层次：一是能够把内容说清楚，让听者知道你在说什么事件；二是能够把价值说明白，让听者知道你表达什么情感。

说的训练包含三种基本模型：一是能够表述经典故事或事例不走样，不断积累复述能力；二是加工生活传议或点论不混乱，不断积累编说能力；三是在表述的过程中，能够传达正确的情感、态度、价值观。

写的水平

写的水平包含两种基本层次：一是真实表达和反映事实，让读者知道事件和内容的发生、发展及结果；二是清晰表达价值判断，让读者明白作者所要表达的情感态度。

写的训练包含三种基本模型：一是经典和原著的仿写，不断积累写的基本技能及套路；二是在生活观察中进行速写训练，不断积累快速观察及文字沉淀的经验技巧；三是在与人交流中加强情感体验和捕捉，不断积累价值判断的展示经验和表达技巧。

在共同愿景中同创共进
——学校教风文化解析思考

对教师的愿景就是:善法博研。

善法指的是善于"教与引",布鲁姆说:"只要提供适当的先前与现实的条件,几乎所有的人都能学会一个人在世上都能学会的东西。"基于此,面对不同的学生,熟练地应用心理学、教育学、学科教材教法等理论及原理,因人引法、因材施教,必然是教与学活动的基本要求。

博研指的是"博取众长",布鲁姆"掌握学习"的理论有一个重要观点:95%以上的人,智力上没有差异。基于此,教师如何控制教学内容和进度,采用何种课堂模型,等等,必然是教师研选的核心,选择共同且最大限度适合于师与生的,应该就是最有效的。

关于"善法博研",我们的微创新愿景是:不能总是用别人的昨天来装扮自己的明天。

一、善钻教法

教师如何控制教学内容和进度,教师要有自己的目标设计且充满激情:你的努力应符合你设计的未来,不能总用昨天的知识教今天的学生去面对明天的世界。

二、善研学法

教师如何组织学习活动,才有利于学生认知技能、动作技能和情感技能的提升。教师要有自己的选择且充满热情:山不过来,我就过去,不能总是依赖他人的成果来提高自己的水平。

三、善联家法

学生每天有三分之二的时间是在校外度过的,这其中尤以家庭生活为主,因此,学校教育要建立在家庭教育的基础上。教师要有自己的路径且充满亲情:视家长如邻、待学生似亲。家长行,学生就行;学生好,教师更好。

四、善思效法

布鲁姆说:"除了不到5%的超常和低常儿童,95%以上学生的学习差异在于学习的速度。"因此,教师要针对不同层次的学生设计不同的课程,给予不同的评价,学生的"掌握"才能真实发生。教师要有自己的研判且充满热情:没有核心技术的优势就没有教师声誉的强势。

做好学生的引路人

——班级组织建构思考

一、学校班级管理工作的背景

柳州市前茅中学是按照柳州市城中区人民政府根据柳州市委、市政府要求建设"高起点、高质量、新体系、新目标"的一所新的公办初中。学校以"师生有信仰，学校有力量"为根本，以创建"向善的前中德育力量"为抓手，以"五美好课堂"为平台，着力培养教师德育队伍，系统设计德育主题活动，努力完成"师生理想高远、道德高尚、言行高雅、生活优雅"的前中"德美向善"目标，即在德、智、体、美、劳全面发展的前提下，着力于心、行、学诸方面促进学生发展，使学生能静心学习、行为张弛有度、学问有所专长。

二、班级工作的初衷

学生是一个个鲜活的生命，有着自己的个性尊严，有着自己存在的价值，有着各种现实的需要，坚定而友善地从最后一名学生做起，树立"为了每一个学生终身发展"的理念，坚持"育人为本、德育为先、能力为重、全面发展"的思想，为学生日后享有幸福的人生打下坚实的基础，这是我校进行班级管理的出发点和归宿。

三、班级工作的实质

每个孩子都是有潜质的，教育的责任在于保护他们的潜质，使每个学生的个性和潜能都得到充分的发挥。为达成这个目标，我们的班级管理工作主要是以下三个方面：一是要做好学生行为的规划，二是要做好学生学习的组织，三是要做好学生精神的塑造。

四、班级工作措施：

（一）班级精神的塑造——班级管理精神的实质就是搞好班级各种关系

1.目标：前中的校园，环境之美与人的精神之美和谐一体。每个前中学子都应做到有统一的处事范式，有统一的价值标准，在外显特征上表现为有凝聚力，在内隐特征上则表现为趋同性，即有类同的行为取向，有类同的情感呈现。

2.做法：①学校坚持全生参与的"生活德育化"，强调德育过程的生活化，充分发挥学生的主动性，让学生通过自我教育与同伴互助教育、榜样教育来实现生生关系如兄弟姐妹般熟知；②良好的师生关系应该如父母子女，友情如同伴朋友，教师应该主动承担起建立良好师生关系的责任，在师生沟通和理解中更好地实现有效的教育；③班级是一个有机体，在这个有机体中，每个老师都应互为合作者、互为服务和资源管理者，主动相互响应，积极配合，以此来达到和实现团队的目标，实现师师关系如董事股东般共知；④学校要通过家校联动课堂，充分发挥家长、学生的主体作用，通过定期的亲子活动实现生家关系如家风家训般传感；⑤学校要充分依托家委会，开发利用家长资源，让家长以主人翁的意识真正参与到学校管理中来，形成教育合力，实现师家关系如美人之美般互助；⑥学校通过组织学生开展各项竞赛活动和班级风采展示活动，为学生创造更多成功的机会、展示自己的机会，用成功酿造自信，引导学生在德育、智育、体育、美育等诸方面得到全面发展。

（二）行为的规划

1.目标：达成"德美向善"的目标。具体表现在：①在仪表及形象上要做到仪表端庄、形象清爽、穿着打扮得体、语言和雅、动作轻柔、环境整洁，即师生语言表达和行为表现都要富有美感；②在活动及仪式上要做到活动有序、仪式入心、设置清晰、要求明晰、流程合理、效果感人；③在情感及爱好上要体现情感正向、爱好高雅，树先进、议先进、学先进、挖亮点。

2.措施：通过系统设计系列德育活动，加强"向善的前中德育力量"建设，确保"师生理想高远、道德高尚、言行高雅、生活优雅"的前中"德美向善"目标的递进达成。具体措施如下：

（1）做好班级课前"四整理"活动：科任教师在上课预备铃响起后应立即在上课铃响起前赶到教室，立于讲台前，组织学生对"卫生、物品摆放、上课用书（具）、坐姿"进行整理。政教处每月对教师执行情况进行反馈,结果记入教师业绩及绩效考核,学生结果计入学期操行评定。

(2)做好每周师生行规"四检查":政教处制定相关检查评分细则,每周校会后,由政教处组织对各班师生的"着装、头发、指甲、配饰"进行检查,每周校会反馈各班检查合规人次,结果记入班主任业绩及绩效考核,学生结果计入学期操行评定。

(3)做好每周师生励志"四个一"活动:各班每周应组织师生"观看一个励志视频、编发一个班级美篇、组织家长给学生授课一次、布置一个周末德育作业"。政教处每周进行收集整理,形成具有前中特色的"德育素材库",同时对各班执行情况进行检查,每周校会反馈并推荐推广各班好素材,推广结果记入班主任业绩及绩效考核,学生结果计入学期操行评定。

(4)做好每周发现"德美好师生"活动。各班每周应组织师生写周记,寻找本班本周"感动故事",挑选最佳两篇上报政教处评比,每周校会反馈并推广,推广结果记入班主任业绩及绩效考核。

(三)学习的组织(教师角度)

1.教师要能根据学生、家长和学校的要求,持续地改进教学过程,求新求变,突破教学上的痼习,通过找题、出题、解题、猜题等具体行动改进教学,有效地实现学校的教育目标。

2.正常教学时间之外,教师要善于利用一些碎片化的时间组织学生对知识进行整理,如午托课程(2:00-2:40)、4点半课程(4:30-5:30)、晚托课程(7:00-9:00)、内宿生晚修(7:00-9:30)。

(四)学习的组织(学生角度)

1.学生的学习应在班级教师的组织下,建立学习共同体,班级教学应实现整体统一进度、统一流程、统一监测、统一时段划分、统一讲评、统一评价。

2.学生学科学法要求

(1)课前预习要求:认真阅读教材,做好预习工作,预习过程中找出疑点和难点并做好记录,带着疑问听课,使学习由被动变为主动,提高听课效率;

(2)课堂要求:上课时要学会倾听,耳到,认真听讲;眼到,在听讲的同时看课本和老师板书,尽可能全面地接受老师所要表达的思想;心到,用心思考,跟着老师的教学思路,抓住重点,解决疑难;口到,在老师的指导下回答问题或者合作探究;手到,在听、说、看、想的基础上整理出本节课的重点,写下自己的感受和见解,将课堂所学知识经过分析消化内化为自己的东西;

(3)作业要求:作业是检测课堂学习掌握情况的最好方法,所以要认真、独立、高效地完成作业,通过作业对所学知识查缺补漏,对所学知识进行梳理、归纳,实现对所学知识的消化吸收;

(4)培优补差要求:老师批改的作业反馈下来后,要针对不同的错误原因寻找不同的解决方法。对于做错的题目,要及时做好错题收集工作;

(5)课后学习要求:巧用知识网络图将所学的内容联系起来整理记忆,要着重加强新旧知识的有机联系。

3.学生应掌握的几种能力:

(1)利用工具:最主要的是学会查汉语或中文字典。要有准确地从字典中查出生字词的能力,还要有联系上下文语言环境选择恰当的义项解释词语的能力;

(2)纠错:鼓励学生在做错题时将题目写进本子,然后按正确的方法重做一遍后,分析错误原因。以后反复看,就能避开做错题的思维失误;

(3)复习:学会建立知识架构。复习一节时就建立一节的知识架构,复习完一章,这章的架构、重点自然也就清晰了;

(4)阅读:学会自己选择课外阅读书籍、月报,不断地提高鉴赏文学作品的能力。文学一类的书籍,有利于学生受到高尚情操与趣味的熏陶,发展个性,丰富自己的精神世界。

总之,学校中的每一位教职员工都应肩负起影响学生的职责,学校德育管理工作应该是全员管理,人人参与,处处体现,利用一切有利因素,采用一切科学手段,通过班级管理,让良好的品质习惯潜移默化地注入每一个学生心中,成为每一位学生的行为习惯。

创新督导评估　促进学校发展

一、督导的意义及作用

1.对学校办学水平,特别是执行国家、地方教育政策法规、项目实施、学校自主发展等重要方向及内容的质量进行评价,应尽量与学校日常工作相结合。

2.通过自主性发展评价,利用自评及他评数据的前后差异,帮助学校进一步巩固提升优势,明确及消除劣势,理清学校阶段性发展路径,进一步提高办学质量,逐步确立以变化值促进学校发展的绿色质量体系。

二、评估的意义及作用

1.是课程改革发展到一定程度的必然。基础教育课程改革已进入深水区,在教师教学行为、学生学习行为、课堂组织实施行为、学校管理行为等诸多要素已取得明显突破的同时,考试与评价、社会配套等要素改革就变得非常滞后,而代表政府及教育主管部门评价学校的教育督导及评估,是所有评价中最为重要的,具有评价风向标的作用,应与管、办、评分离改革相结合。

2.是完善现代学校管理体制、保障学校自主经营发展的需要。既要理顺学校与主管部门、学校与社会(社区)、学校与家庭等诸多协作协调关系,又要保障学校在法律法规赋予的职责权力范围内自主独立运行。教育督导评估能承担这样的角色,应与学校章程建设相结合。

三、方向及突破

1.评估内容的改革:以评估量表的设计规划为代表,推陈出新。主要目的是去掉不适应教育形势发展的、阻碍课程改革推进的、与现行教育理念相违背的、不利国家地方教育项目推进的条目及内容,并根据实际需要,适时添加新元素、新维度。但容易出现千篇一律、以偏概全、用一把尺子量天下等问题,极容易出现"教师面向了全体学生、学校面向了全体教师、督导评估没有面向全体学校"的现象,应以国家、地方学校常规管理规定为主线。

2.评估方法(案)的改革:以评估流程及各级职能划分设计为代表,合理定位及承担。主要目的是理顺国家、省(自治区)、市、县(城区)四级督导评估部门与学校的关系定位,使各级权、责划分明晰,工作内容分担明确,使督导评估呈现"大家不同,大家都好"的格局,促进学校全面、多元、特色发展。例如:市级督导根据全市实际负责设计一二级指标;县(城区)督导根据区域实际设计三四级指标并实施;学校根据校本实际设计信息收集方式并实施,应与学校实际发展相结合。

3.评估工具及结果的应用改革:定期收集整理各种量表、流程、信息收集操作细则等成果,形成菜单式数据库,供各级各层各学校自主参用。以改变督导评估只对单一学校形成促进、难以形成推广性经验的现状,使督导评估工作在设定框架内呈现"百花齐放、百家争鸣",有效推进县(城区)及学校个性发展、特色发展、持续发展,评估结果应参考学校教代会、民主议事会等反映学校多数教师意志的诉求。

用信息化促进教育集群优质发展

——信息技术在学校的推进思考

一、制度创新,再推教育信息化促进发展

1.信息化促进集团化办学均衡发展

名校的信息化设备比较先进,教学资源丰富,教师易接受新观念、新方法,但这些优质资源只能本校共享,而薄弱校却非常渴望得到这些优质资源的共享。而进行集团化办学后,通过管理干部下派、教师流动、物资扶持等方式,确保名校优质教育均衡化,所有成员学校均能得到相应的资源分配和扶持,名校的优质教育资源得以共享,实现互惠互助,共同成长。

2.信息化加强校际交流合作,使集团化办学效果明显

有了信息化基础,各集团校的教研活动可以进行联动教研或开视频会议,老师们可以足不出校就欣赏到各校区的现场课,可以进入视频房间进行互动交流,教研不再受空间与时间的限制。

同时,各集团校定期与其他学校进行教学研讨,经验论文交流,参观互访,网络技术培训等。尽可能地利用计算机网络,与其他学校交流,进一步实现与其他学校的优质教育资源共享,促进本校优质资源的数字化,推动各校教育迈上一个新的台阶。

制度的建立,树立了老师们整理资源、共享资源的意识。通过全城区的资源库建设,最大限度地使城区内优秀的教育资源在网络上流转起来,使各校都能享受到优秀的教育资源,积极推动了各校教育信息化的发展。

二、搭建平台,助推教育信息化更快地发展

1.充分利用教育资源公共服务平台促进区域教育资源共建共享

资源库平台是老师培训的主阵地、学生学习的辅阵地。每个老师建立自己的教育教学空间，逐步形成教育优质教学资源库共建共享机制，整合并优化教学资源，不仅可以丰富教学资源内容，而且可以避免各校教学资源的重复建设，实现实训资源、课程资源以及信息资源的共享。教师和学生通过平台实现自主学习和提高教学水平的目标。资源公共服务平台能使各校的优质资源得以保存和延续，系统的教学资源库具有很好的辐射和示范作用。

2.充分利用"云平台"促进区域网络教研

优先建设与教学密切相关的设施设备，每位老师一台计算机，拓宽学校网络带宽，老师可以通过计算机访问平台，在教室通过教室的计算机、白板设备使用资源，尽可能让资源方便快捷高效地使用。拓宽城域网，以保证校际之间的网络教研的通畅。同时，各校管理员将各校所录制的优质录像课上传至录播平台，各校的优质课，不同校区、不同学科、不同教龄的老师都可以在录播平台点播优质课观看，做到足不出户的优质培训学习，享受优质的教育资源。

3.借助教育云空间，重构教学新模式

在教学中思考如何更好地利用资源，把课前资源分享给学生，提高学习效率。

(1)利用资源先学后做，实现课堂翻转，提高学生学习自主性。

课前教师了解学情，吃透教材，利用资源平台把制作好的微课共享给学生，学生在家观看学习，尝试操作，记录学习困难和疑问，课上分享成功，寻求帮助，从而解决问题。学生学习始终保持热情，提高了学生学习自主性。

(2)学中悟法，借助平板电脑，巧用资源，实现课上师生实时互动评价。

利用资源平台教学助手软件功能，在学生交流、尝试解决问题的过程中，教师借助平板电脑实时发起师生、生生间的互动学习，在不断的操作活动中领悟方法、掌握知识。实时发起的在线测试，及时了解学生掌握知识情况，做好教学调整，真正为学生成长服务。

教育信息化的发展和推进，离不开教育信息化平台的搭建。在一个好的平台的基础上，能够让各校教育信息化的发展加速。同时，整个区域内的教育信息化水平也快速提高。

三、谋划未来，加快教育信息化发展

教育信息化是一项复杂的系统工程，涉及方方面面，既要统筹协调，整体规划;又要合理分工,稳步推进。当前来讲,重点是政策保障、软实力跟进和加强实践三大机制。

（一）政策保障

要构建保障机制,要强化组织保障。要将教育信息化纳入改革发展整体规划,围绕实现教育信息化工作目标,创新发展思路,在资金投入、人员配备、机制创新等方面给予更多倾斜,为教育信息化可持续发展提供保障。

（二）软实力建设

1.数字化基础环境继续完善

统筹各校光纤接入不小于500M的带宽,以便实现学校视频、数据等信息的同步传输。数字化校园环境建设,需要校园网络全覆盖,采用有线布线网点方式和无线热点方式相结合,让校园范围无盲区（点）支持多种固定和移动终端的联网使用。

2.区域数据云平台建设

建设具有"区域特色"的教育云平台,完善教育数据中心建设,实现与市教育资源公共服务平台、（省）自治区平台、国家平台的互联互通。

3.区域教育应用平台建设

建立区域教育服务管理平台,让城区、学校、学生、家长分层使用教育服务管理平台,区域行政管理、学校教育教学管理、学生和家长的学习管理可在平台实现本地化的量身框架定制,有助于学生个性发展。平台提供多元化的操作系统环境让各种数字设备实现"无缝接入"。

4.教学资源数字化建设

运用云存储方式,以城区、集团校为目标实现环式云存储,建立与网络存储供应商的托管服务模式,让城区、学校便捷、安全地使用云存储。

5.校园数字化建设百花齐放

学校数字化建设发展可根据学校的特色需求进行,使用先进和目标明确的信息化产品,以实现学校特色可持续地发展。

师者，生之心陪法伴者

——浅议教师的基本功

教师，就是学习路上陪伴学生的同行者，"陪"侧重于"心理"，"伴"侧重于"方法"，故身为教师，务必管教管导、敢教敢导、能教能导、会教会导，潜其心智以立德、化其技法以树人。

一、课前

老师课前的工作主要就是备课，但却不仅仅只是备课，除了思考自己的上课准备之外，还包含对学生的课前行为指导。单就自身上课准备而言，应着力思考并准备：

1.把握"知识与技能"的结构性，始终贯穿"整体-部分-整体"的思索，通过对"每一单元(章节)、每半学期、每学期"的教材研究及策略思考，合理融合设计每课时教案，力争"每节课都能上下渗透、联动"。应该有"为最后一名学生设计"的意识。

2.把握"方法与技能"的活动性，始终坚持"连贯-多样"的原则，通过对"一节、一周、一单元"的课时活动研究，合理体现"形式多样、层次丰富"的可循环持续活动载体，力争"不同的学生都能有各自的收获"。应该有"让每一位学生都参与"的意识。

3.把握"情感态度价值"的效益性，始终围绕"达成-补充"的目标，通过对"课前、课中、课后"的师生感受变化捕捉，合理设计并预留临时性教学活动及环节，力争"每一位学生都不落下"。应该有"为少数甚至唯一落后者思考"的意识。

二、课中

老师课中的工作主要就是讲授，但却不仅仅只限于授课，除了思考自己的课

堂行为之外,还包括对学生的课堂行为指导。单就自身课堂行为而言,应着力思考并准备:

1.把握"知识与技能"的讲授性,通过对"二分之一以上、二分之一到三分之一、三分之一以下"等关键时间节点的设置思考,准确掌握"何时讲、讲什么、怎么讲",力争达成"通过自学能掌握的不讲、通过分组讨论能掌握的少讲、有争论的着重讲"。

2.把握"方法与过程"的指导性,通过对"分组讨论、个体点拨、行为纠正"等不同形式及内容的适时指导实施,准确掌握"论什么、导什么、纠什么",力争达成"论有焦点、导有核心、纠有方向,使困惑学生得到顿悟"。

3.把握"情感态度价值"的效益性,通过对"听课率、记背率、解题率"等数据及过程的反馈收集,准确把握"得什么、得多少",力争达成"检测点或应考点过关,眼、耳、口、手、脑都有收获"。

三、课后

老师课后的工作主要是辅导,但却不仅仅止步于辅导,除了思考如何帮助学生之外,还包含对已执行完的课时的效益分析。

1.把握"知识与技能"的"课堂偏差",通过对"教如何、学如何、沉淀与改进"等评估性方面内容的再思索,不断提高自身的反应及调整的敏锐度,力争达成"课堂与课前预设的无限接近"。

2.把握"方法与过程"的"缺漏度",通过对"记录样本、反馈、再测评"等辅导性方面内容的再判断,不断优化自身的信息捕捉及研判能力,力争达成"反复补练后的绝对正确"。

3.把握"情感态度价值"的"适时度",通过对"自改自评、师改隔天评、师改当天评"等效益性方面内容的跟踪,不断改进自身的及时纠偏意识,力争达成"所有学生学习性错误不带入下一节课堂"。

如何让教育在均衡中享受不同

摘要:教育均衡发展不能简单地理解为"削峰填谷"式的"大同",而应在课程选择上"各美其美",坚持"适合才好""融合才行""理解才能"的原则;在管理平等上"美人之美",通过"良性互动""信息交换"寻求"善治";在需求差异上"美美与共",实现"尊重现实""自主努力""合理选择"的多元发展。努力实现"大家不同、大家都好"教育和谐。

关键词:课程选择　管理平等　需求差异

"教育公平是社会公平的基础"。这几年,在各级教育管理部门的共同领导和组织管理下,在各级学校的共同努力下,"利太重而忽益""结果重而过程轻""管理刚而柔不足""工作面浅横而深纵不够"等现象得到了有力遏制和改观。

教育行为正向好的方向不断推进,但是也到了关键时刻,教育不能强求千人一面的统一,管理更应该因校而异。

一、边行边试边调整(课程选择)

每一门适合学生的课程,最起码应包含如下要素:

其一是能让特长突出的学生脱颖而出。特长学生肯定是学校的"掌中宝",让特长生充分施展自己的特长,一方面可让其"能做自己喜欢并擅长的事";另一方面,也可通过特长生的成绩,为学校争得荣誉的同时,给其周围的同学树立良好的学习对象及赶超标杆。

其二是能让所有参与的学生有些收获。在现实中,我们不可能代替学生确定他们的兴趣,学生也不可能始终清楚明了自己的兴趣。只有在不断的活动参与尝试中,逐渐了解自己,逐渐形成兴趣志向,并能从中了解生活、了解社会,知道自己需要什么,懂得如何满足自己的需要。

1.要坚持"适合才好"的原则

（1）课堂是为适应教材而改变教法、学法，还是为使学生达成目标而采取相应的教法、学法？课堂教学组织必须体现课堂的有效性，具体应落实到学科知识、技能的达成表现，课堂的一切活动应力求体现华而有实。

（2）课堂是老师主导下的学生主体体现还是学生主体体现下的老师主导？课堂组织应力求体现有序，课堂不能过多地出现无益活动及无益思维，要紧扣学科思维。

（3）我们的课是面面俱到、全面渗透还是抓住重点、递进达成？一堂没有遗憾的课不一定是好课，学生在一堂课中的注意力和思维兴奋点都是有限的。如何根据学生特点把最基础的、最重要的课堂活动片段深深嵌入学生大脑，是所有教师都应该认真思考的。

2.要坚持"融合才行"的原则

我们的选择是否正确、策略是否得当，我们自己说的不算。就管理而言，教师的认同度是衡量管理效益的重要标尺；就教学而言，学生对教师的认同度同样是衡量教学质量的重要元素，尽管它相对于学习成绩没那么容易显现，但不能否认它对学生学习的促进作用。

3.要坚持"理解才能"的原则

不管我们如何选择，永远不可能做到"一碗水端平"，特别是不断推进的教育教学改革尝试，或多或少总会触及部分利益，有反对意见在所难免，关键是要尽力做到"团结持反对意见的人共同把事做好"，用胸怀增进理解，用交流不断理解，用民主保障理解。

二、在良性互动中寻求"善治"（管理平等）

学校及教育管理部门面对各种诉求和质疑的回应能力，已经成为衡量治校水平、检验管理理念的重要标杆。

1.行动中研究

"发现提出问题—分析问题成因—寻找解决策略—实践尝试—效果评估—修正策略—再实践"的循环行动，对解决本地区、本校、本班等现行问题而言，具有较高的可操作性，其本身最核心的实质就是：问题存在是必然的，能不能解决问题的关键可能不仅仅是方法，还要考虑是否达到某种共识及认同。

2.对话中求共识

行政管理部门与学校之间、干部与教师之间、教师与学生之间、学校与社会（包括家长）之间，步调不可能完全一致，但可以形成共识。对于某些批评或质疑，特别是那些善意的，我们是否过于敏感？对于某些尖锐问题，我们是不是"能捂则捂""能压就压"？对于某些危机问题，我们是不是"玩弄技巧"，忙于"撇清责任"？是不是没有质疑声音，工作就稳妥了？是不是掩盖了问题，管理就有方了？

实践证明，对话胜于对峙，在倾听诉求中才能改善治理，在回应质疑中寻求共识、有错就改，远比"一贯正确"更加可信、可敬、可亲。

3."信息交换"求认同

如果，我们把"良性互动"看成一种"信息交换"，那么：教育局可以听到校长们的不同治校谋略，就可以在此基础上因势利导，学校的特色就呼之欲出，特色的学校就可能浮出水面；校长可以听到中层领导们的血气方刚的"拙见"，就可以在此基础上"因人设岗，量体裁衣"，部门的特色出现了，特色的部门发现了。中层干部可以听到教师的"偏激语言"，教师的话是最真实的，是最不需要修饰的，在此基础上，教师的特色可以挖掘，特色的教师可以培养。

教师可以听到学生的"稚嫩之声"，也许"无理"，但绝对"有感而讲"。在课堂上，教师耐心倾听了，及时调整授课了，则教师上课讲少了，内容机动了，步骤灵活了，课堂就还给学生了，教师就成了名师。在课堂外，教师（特别是班主任）耐心倾听了，学生就愿讲了，学生信息就多了，问题就可以预防了，师生关系亲近了，班主任就"名声在外"了。

从某种意义上说，教育就是民主基础上的"信息交换"和"良性互动"，基于此种理念下的治理，就可以称为"善治"。

三、要照顾穷人，也要留住富人（需求差异）

"横看成岭侧成峰，远近高低各不同"，教育是一盘菜，学校可以各取所需；学校是一盘菜，教师学生也可以各取所需；班级是一盘菜，学生也可以各取所需。

1.关键在走

就学校而言，既有以培养尖优生为重点的"示范校""富人"，也有以培养合格毕业生为重点的"薄弱校""穷人"，如何做得两者兼得有益，是值得思考的问题。是削峰填谷、劫富济贫？还是强者恒强、弱者转强？这需要智慧。

穷者不能照搬富人发家之路，重复之路不好走。走同样的路，富人已是轻车熟路,而穷人却磕磕绊绊,速度跟不上。沿富人走过的路,可以成功,但可能永远赶不上富人。最好的办法,莫过于边走边看,没有新思路,不妨走走富人路;有了新思路,就要敢于探索闯新路,万一新路变死路,还要勇于走上回头路。

2.自己要走

就教师而言,既有"不愁生源、不愁质量"的"名校"教师,也有"愁吃愁穿"的"弱校""弱师"。

名校教师,依托优势资源,随便努力一下,成绩可能要比弱校弱师好,因此,无论是在赛教课,还是评优评先评职称,名校名师占尽先机,部分名校名师过着"工资基本不动,晚饭基本不做,年货基本不买"的"优越"生活,毫无危机感,小小的努力便取得了巨大的利益。而弱校弱师们更需要"十年磨一剑"的勇气和毅力,不少弱校弱师经过自身艰苦卓绝的努力成为了名师,却如"大一学生现象"一般,失去了前进的方向和动力,享受着"名师"的安逸,放弃了成为"大师"的苦修行。

教师的合理流动喊了多年却"风起无雨",最基本的原因是对立了"名师"和"弱师",把弱师调入名校,其不一定成活;把名师调入弱校,其也不一定能扭转颓势,此种做法最容易产生名师不"名",弱师恒"弱"现象。简单粗暴的人力均衡对教育而言行不通。

"山不过来,我过去",不妨换个思路,换人不如换思想,人动不如思维移,"名""弱"之间的理念差异是根本。

联片教研,校校结对,网络教研,都不失为解决此种差异的有益尝试。自主自发、自我培养最重要,毕竟有人帮,很幸运;没人帮,很公平。归根结底,打铁还需自身硬。

3.各取所需

对学生而言,既有追求卓越的领先者,也有享受平凡的合格者,不能把卓越简单地理解为优秀,更不能把平凡粗暴地比喻为落后。

"不想当将军的士兵不是好士兵""永争第一""没有最好、只有更好",在某些时候对鼓舞信心、励志有用,但对现实可能无用。塔尖理论、冒尖原理固然重要,但不要忘了,第一只有一个,尖顶也只有一处,相反,在第一和尖顶的下面,是无数平凡或平庸做成的基底。

如果我们的眼光,仅仅停留于有多少个状元,有多少个保送生,有多少个特尖生,而忽略了绝大多数平凡的心、一辈子也成不了优秀的芸芸众生,那么,我们的教育服务,只是少数人的享受,成功的定义不应仅仅代表优秀。

铸"师源生本"魂，立"全面适合"魄

——基于发展的学校治理再思考

教育是学生社会化的过程。学生的多样性决定了教育的多元化，学校教育的多样化发展归根结底是要创造适合学生发展的教育。通过适合的教育，使学生适应社会的发展，遵守社会的规则，形成生存发展的持续应对技能。

教师之根本，就是学习路上陪伴学生的同行者，"陪"侧重于"心理"，"伴"侧重于"方法"，故身为教师，务必管教管导、敢教敢导、能教能导、会教会导，潜其心智以立德、化其技法以树人。

学校教育，始于师生心性修养，行于师生心性相陪，成于师生心性兼容。

一、"师源生本、全面适合"的背景依据

教育要面向全体学生、以生为本，教育的关键在教师，教师的素养决定教育质量。

教育的发展要适应经济社会发展对人才需求和全面提高国民素质的要求，还要顺应人民群众对接受更多更好教育的新期盼。人的全面发展在不同的地域和不同的时期有着不同的发展内容。《国家中长期教育改革和发展规划纲要》（2010—2020年）（以下简称《纲要》）明确提出，"全面贯彻党的教育方针，坚持教育为社会主义现代化建设服务、为人民服务，与生产劳动和社会实践相结合，培养德智体美全面发展的社会主义建设者和接班人。"可见，培养出德智体美全面发展的社会主义建设者和接班人是不同阶段教育所追求的共同目标。同时《纲要》也明确提出"树立科学的质量观，把促进人的全面发展、适应社会需要作为衡量教育质量的根本标准"。因此，受教育者是否实现全面发展，是否适合社会已经成为衡量教育质量的根本标准之一。

二、"师源生本、全面适合"的主题定义

如果把教育拟喻为具有生命灵动的人,那么,老师与学生就是教育的"魂",有"人"的存在,才有"教"和"育",师生是教育的前提、对象及载体;全面适合就是教育的"魂",治学理校的一切选择,只有符合师生实际需求,满足未来全面需求,才有向前发展的可能。全面适合是教育发展的原则、目标和路径,师生、课程相适则学校教育兴旺,师生、课程相悖则学校教育衰落。

由此推及,师为教育之天,无师则无教;生为教育之地,无生则无学;课程为教育之命,系师生之纽带,无课则无校。谓之"师源生本课程"。

其一为对象要素,即老师为源、学生为本,指的是:办学基础要素是人,没了老师和学生,就失去了教学者和教育对象,教育活动就无从谈起。

其二为能力要素,即师能为源,生能为本,指的是:办学核心目标是能力发展,以老师的能力示范引领学生能力发展。

其三为方法及过程要素,即源于师,成于生,指的是:办学基本路径是师传生受,从老师中来,到学生中去。

还可推及,理念为教育之天冲,办学思想统领学校一切;德育为教育之灵慧,为先以引人至善;智育为教育之气,为本以立人之长;体育为教育之力,为基以筑人之健;美育为教育之中枢,为品以树人之质;师能为教育之精,为教辅活动之根;生能为教育之英,为教辅活动之果。诸上要素之协调发展并适合社会需要,谓之"全面适合标准"。

其一为学习内容的全面和适合,即:设置符合教师能力基础又符合学生认知基础的涵盖德智体美全面发展的课程;

其二为学习目标的全面和适合,即:制定既符合教师发展期望又符合学生发展愿望的涵盖德智体美全面发展的目标;

其三为学习过程的全面和适合,即:选择既符合教师技艺风格又符合学生情感价值的涵盖德智体美全面发展的课堂;

其四为学习效益的全面和适合,即:评价不单纯在于个别尖子水平的表现,而在于所有学习者发展水平的提高。

三、"师源生本,全面适合"的内涵要素

作为教师、班主任,应视师如邻、爱生如亲;作为政府督学、科研者,应博法善研、涉猎多广、潜心调查;作为校长、管理者,应善做教师同伴、喜与学生同路、擅长综合治理、熟悉学校整体改造。以"传承创新"为路径,以"全面适合"为标准,以"渐变发展"为目标,躬身力行、昼夜并修、自励勤耕、禀志潜研、乐传广播。横看教育地域、生源差异;纵思教育理念、路径选择,凝练出的"师源生本,全面适合"教育思想的内涵就是:

坚持务实贯彻党和国家教育方针,坚持务实师能为源、生能为本,坚持务实历史辩证发展,坚持务实科学评价(简称"四坚持务实原则"),无论时代及地域变化,无论因校而异的办学理念和课程选择,无论因生而异的课堂教学和效益评估,无论因师而异的师能发展和保障管理(简称"四无论范围"),在治学理校的道路上遵循"研究校史为根、明晰现实为基、预设未来为计、专注实施为本"之奋斗思路(简称"四遵循思路"),从而达成学生有发展、教师有发展、学校有发展、教育有发展的奋斗效果(简称"四达成目标")。

而百花齐艳、万嫣共娇的因校而异的学校文化、特色、管理,均可以认定为基于以上思想内涵(简称"四四维度")的适合选择,唯有此,才能"各美其美,美人之美,美美与共,天下大同",才能不辱时代使命,无愧人民教师之光荣。

四、"师源生本,全面适合"的路径及效益

(一)理清校情、盘明问题、找准方向

校校不同,人人相异,学校教育只是众多教育形态中较易被多数接受的一种。学校教育具有优越性的同时也存在显著局限性。应遵循"尊重历史明志向、正视现实明施道、展望悟新造未来"的理念,才能建构适合实际的学校自主发展场域。

确立"常规管理为平台、教学改革为突破、校本评价为核心"的整体设计,通过"教育精神再凝聚、课程设置再选择、课堂教学再适应、质量评价再优化、师德师能再保障"等五项工程,实现"初步建立适合学生实际的动态课程体系、初步形成适应学生及老师实际的课堂教学学科结构、初步确立依据学生需求目标的发展性评价模型。"

(二)专注规划,精准设置

1.立足常态,以岗定规

(1)学校岗位设置及实施周期化,立足岗位、明确对象、以岗定评。

学校运行的关键因素是人,而人力资源的配置是否优化,取决于学校各类工作岗位的设计与选择,学校岗位设置及实施周期应与学校发展规划相一致,并通过学校民主议事会、校务会、行政会、教代会等决策机制确定,学校岗位设置方案应成为学校管理周期内最具权威和约束力的制度,是学校日常内部管理和工作质量评价的重要依据。

学校岗位设置及实施方案应充分考虑校本发展路径及师生现实,在遵循上级相关条规的框架内,认真分析学校各类人力资源现状,根据学校发展规划需要,对职权层级划分、工作指令流程、岗位设置职级数、待遇、工作量、工作内容进行设计,并依此选择岗位聘用程序及办法,确定聘用期间的管理、考核及申诉办法。

(2)学校常规管理条目具体化,立足常态、明确内容、以规定评。

学校管理的关键因素是内容,而管理内容的设置是否适合,取决于学校的办学方向及目标,不同的学校应该有不同的具体体现。

对于相对综合薄弱的部分,应对国家、地方的学校常规管理规定进行整合,并根据学校实际,确定阶段重点或突破点,力争逐项达标。

对于已基本全面达标的部分,应自觉提高各项常规指标要求,实现学校高位达标,并根据学校实际,确定阶段重点或突破点,力争特色逐渐突出。

对于已完成全面高标的部分,应主动丰富管理指标体系,并自觉承担效益牵动和辐射,更好地为其他学校和区域服务。

2.立足课堂,以学定教

(1)教学应体现教育的本质

"教"的意义之一为"授",授生于无知之上而有知,即通过传授,让无知识的学生变得有知识;"教"的意义之二为"校",校生于无能之上而有能,即通过训练纠正,让无能力的学生变得有能力。

"育"的意义之一为"长",育生于弱小之上而健强,即通过情感呵护,让学生的身心日趋强盛;"育"的意义之二为"养",育生于无礼之上而有善,即通过价值渗透,让学生秉性日趋向美向善。

教育就是引领学生从无到有、从俗到德的生成。

（2）教学应体现生命意义

教育活动依附于生命，体现生命发展的意义：每一个人都是不可复制的奇迹。

对学生而言，哪怕是有缺陷的生命，也应让他享有完整的、发展的、愉悦的、健康的生命成长。

对教师而言，在关注学生的全面素质质量，特别是学科学业成就的质量的同时，还应关注学生的学习过程价值，特别是促进生命生活的价值。

（3）教学应体现社会价值

社会的价值在于维护、推进人际交往，从而维持生命的秩序。

学生是处于发展中的未完善的人，必将在不断犯错中前进。老师在教学活动中应引导改变学生暂时失当的行为，去唤醒学生暂时迷惘待护的灵魂。应注重师生互动、注重对话、提倡交融、追求共同、尊重差异、崇尚善美。于生活中体现理解、包容、保护的人文精神，特别要推行对人的处境的关注关怀。

3.立足校本，以效定评

（1）选择适合校本的评价方式

学校自主发展评价应体现：既能满足上级主管部门的考核评价要求，又能兼顾学校阶段性发展实际，体现质量的提升过程。

阶段性定性评价能侧重体现学校办学质量在区域中的地位和作用，发展性变化评价能侧重体现学校质量渐变的过程，不同学校间及同一学校内部的不同维度的内容渐变，更能体现一种质量效益或效率，充分解析投入与产出的溢出比。

基于此，应鼓励和提倡"坚持定性评价与发展性评价相结合"的校本评价方式。

（2）选择适合校本的评价维度

作为学校管理者，最核心的思考，应定位于"能为学生提供什么"和"能让老师提供什么"。

作为学校评价者，最核心的观察，无外乎就是"学生获得了什么"和"老师提供了什么"。

因此，无论维度如何变化，其宗旨一定是为了更好地达成"德、智、体、美全面发展"的办学育人培养目标，所以，学校校本评价应紧紧围绕学生和老师两个主维度,从"德智体美"方向设计评价观察视角。

(3)选择适合校本的评价流程

学校应创造性地依据上级提的一级评价维度,结合学校实际,设计校本二级或三级维度,有条件的学校还可通过增添维度来体现学校的特色特长,更好地促进自主发展。

学校应把校本评价融入学校常规管理过程中,更应体现在各自学校职能部门的责任内容中,还应体现于每一位教职工的绩效表现维度中。

学校应把校本评价融进学校的整体改进计划,应在准确定性排序并建立初始数据的同时,精确统计每次数据的排序变化值,以便体现数据变化的过程价值。

(4)选择适合校本的评价结果

评价的作用在于为学校的整体改进提供依据,在于发现和肯定在渐变过程中的努力者和成效者,在于为师生塑造出可学习、可移植、可借鉴的质量提升路径。

(三)分项推进,逐步实施

1.教育精神再凝聚工程

学校的发展,不能仅仅坐等外部环境(校园基础建设、生源质量、社会认同)的改变,在积极争取的同时,还要立足自身,用内涵提升促进学校发展。就管理而言,我们需要找到适合教师实际的、教师乐于认同的模型;就课堂教学而言,我们需要找到适合学生实际的、学生乐于认同的实施模型。为此,我们需要重新审视我们的理念、目标、教学观、学生观等影响学生成长的主要元素。

我们的教育,应是面向全体的学生;我们的教育选择,应是惠及全体学生的;我们的教育课程选择,应是每位学生都能参与的。不管我们如何选择,永远不可能做到"一碗水端平",特别是不断推进的教育教学改革尝试,或多或少总会触及部分利益,有反对意见在所难免,关键是要尽力做到"团结持反对意见的人共同把事做好",用胸怀增进理解,用交流不断理解,用民主保障理解。

2.课程设置再选择工程

学生,应该为自己的未来生活奠基,应自觉提高公民及国民社会素养(包括国家认同、法制遵守、规则履行、秩序维护、习俗共融等),融入社会、共荣共存;还应自觉养成家庭及生活技能(包括职业体验及选择、家居常识、社会价值判断等),住之有依、活之有聚;也应自觉丰富国际视野及家乡情谊(包括传承与创新、求同与存异、国家与世界、文化与种族等),做有根的未来世界人。

最基础的收获是:学生可通过校本课程,了解生活、了解社会;最普及的收获是:学生通过课程,知道自己需要什么;最应该的收获是:学生通过课程,懂得如何满足自己的需要。

3.课堂教学再适应工程

(1)教学进度调控:其一是速度适应(强调重复及反复),先慢后快:初一年级慢至小学高年级频率(段考前),开学时段慢至原频率的二分之一(开学两周);其二是节奏适应(强调阶段性回授及巩固),定期反馈:每周一节整理课(用于回授、培优补缺、周检测),每单元两节整理课(功能同上),期中、末各一周整理课(知识结构网、考试内容),每学期第一周适应调理课(从假期症过渡),每学期总课时的3%(约一周)机动预置课。

(2)教学层次调控:其一是以中考标准考核的选拔性课堂教学,其二是以课程标准考核的达标性课堂教学,其三是学段衔接课程。

4.质量评价再优化工程

(1)质量再界定:学生的学习质量不仅仅只是学科的考试成绩,要充实"优秀人人追求、合格人人能求,安于平凡也是好"的新质量观。

(2)评价再优化:以师生行为变化效果为特征的评价,包括学生综合行为月评定、教/备组综合行为月评定,班级综合工作月评定;变革传统"四率一平"模式,以测评成绩排序变化为特征的评价;师生业绩评价的设计为四个维度,其一是以满意度为特征的民意调查(教师、家长、学生、社会反馈等),其二是以制度落实为特征的行为评判(遵守规章制度的程度),其三是以行为效果为特征的综合评定(课堂巡视等),其四是以学科成绩为特征的变化数据鉴定(与初始样本的排序变化分析)。

5.师德师能再保障工程

(1)规范约束

其一是以《教师职业道德规范》规范工作纪律及秩序、工作流程及参与、工作质量及评估。

其二是以《国家学科课程标准》规范专业技术标准及要求、专业技术素养及追求、专业技术效益及评价。

（2）师能提升

其一是以考试为核心的编、解、讲题能力；其二是以再现为核心的微课（媒体）制作能力；其三是以达成为核心的质量监测能力；其四是以促进为核心的课堂调控能力；其五是以融洽为核心的课外协调能力。

苏霍姆林斯基说过："让班里每一个学生都能抬起头来走路。"一位教育家说过："老师应把爱心分给每一个学生。在自己的心中应当有每个学生的欢乐和苦恼。"

只要我们牢记党的教育方针，紧紧依靠老师，面向全体学生，全面履行教育职责，就能够攻坚克难，求同存异，积极改革，取得成效，赢得师生尊重和社会认可，切实办人民满意的教育。

用适合的评价促进学校发展

当前基础教育课程改革已进入深水区,在教师教学行为、学生学习行为、课堂组织实施行为、学校管理行为等诸多要素已取得明显突破的同时,基于学校实际的自主性评价的设计与选择,是进一步完善现代学校管理体制、保障学校自主经营发展、理顺学校与主管部门、学校与社会(社区)、学校与家庭等诸多协作协调关系,保障学校在法律法规赋予的职责权力范围内自主独立运行的重要内容。学校自主评价是课程改革发展到一定程度的必然。

在学校实施自主性发展评价的过程中,应遵循"尊重历史、正视现实、展望未来"的理念,才能建构适合实际的学校自主评价场域。

一、学校岗位设置及实施周期化,立足岗位、以岗定评,明确对象

学校运行的关键因素是人,而人力资源的配置是否优化,取决于学校各类工作岗位的设计与选择,学校岗位设置及实施周期应与学校发展规划相一致,并通过学校校务会、行政会、教代会等决策机制确定,学校岗位设置方案应成为学校管理周期内最具权威和约束力的制度,是学校日常内部管理和工作质量评价的重要依据。

学校岗位设置及实施方案应充分考虑校本发展路径及师生现实,在遵循上级相关条规的框架内,认真分析学校各类人力资源现状,根据学校发展规划需要,对"职权层级划分、工作指令流程、岗位设置职级数、待遇、工作量、工作内容"进行设计,并依此选择岗位聘用程序及办法,确定聘用期间的管理、考核及申诉办法。

案例1:(见附件1)岗位绩效评估办法(与岗位设置方案相对应)

二、学校常规管理条目具体化,立足常态、以规定评,明确内容

学校管理的关键因素是内容,而管理内容的设置是否适合,取决于学校的办学方向及目标,不同的学校应该有不同的具体体现。

对于相对综合薄弱的学校,应对国家、地方的学校常规管理规定进行整合,并根据学校实际,确定阶段重点或突破点,在全面努力追赶基本目标的基础上,力争逐项达标。

对于已基本全面达标的学校,应自觉提高各项常规指标要求,实现学校高位达标,并根据学校实际,确定阶段重点或突破点,在全面高标的基础上,力争特色逐渐突出。

对于已完成全面高标的学校,应主动丰富管理指标体系,并自觉承担效益牵动和辐射,更好地为地方和区域服务。

案例2:(见附件2)学校管理基本运行框架

三、学校评价载体及工具清晰化,立足项目、以效定评,明确步骤

1.选择适合校本的评价方式

学校自主发展评价应体现:既能满足上级主管部门的考核评价要求,又能兼顾学校阶段性发展实际,体现质量的提升过程。

阶段性定性评价能侧重体现学校办学质量在区域中的地位和作用,发展性变化评价能侧重体现学校质量渐变的过程,不同学校间及同一学校内部的不同维度的内容渐变化,更能体现一种质量效益或效率,充分解析投入与产出的溢出比。

基于此,应鼓励和提倡"坚持定性评价与发展性评价相结合"的校本评价方式。

2.选择适合校本的评价维度

学校中的评价应该从哪里出发呢?

作为学校管理者,最核心的思考,应定位于"能为学生提供什么"和"能让老师提供什么"。

作为学校评价者,最核心的观察,无外乎就是"学生获得了什么"和"学校提供了什么"。

因此,无论维度如何变化,其宗旨一定是为了更好地达成"德、智、体、美全面发展"的办学育人培养目标,所以,学校校本评价应紧紧围绕学生和学校两个主维度,多从"德智体美"方向设计评价观察视角。

3.选择适合校本的评价流程

首先,学校应创造性地依据上级提的一级评价维度,结合学校实际,设计校本二级或三级维度,有条件的学校还可通过增添维度来体现学校的特色特长,更好地促进自主发展。

其次,学校应把校本评价融入学校常规管理过程中,更应体现在各自学校职能部门的责任内容中,还应体现于每一位教职工的绩效表现维度中。

再次,学校应把校本评价融进学校整体改进计划,应在准确定性排序并建立初始数据的同时,精确统计每次数据的排序变化值,以便体现数据变化的过程价值。

4.选择适合校本的评价结果

评价的作用在于为学校的整体改进提供依据,在于发现和肯定在渐变过程中的努力者和成效者,在于为师生塑造出可学习、可移植、可借鉴的质量提升路径。

案例3:(见附件3)细化及深化上级评价内容及维度。

附件1:岗位绩效评估办法(与岗位设置方案相对应)

对象	一级维度		二级维度		评估者	
校级干部	由上级部门组织考核					
	测评点	说明描述	测评点	说明描述	执行部门	说明描述
中层干部	执行力	工作指令按时按质	行政会决议	按《行政责任事故认定及追究办法》执行	法安稳办	周查月报,学期汇总
			党支部决议			
			专项(题)决议			
	成绩	工作内容学校类	获奖	按国家级、自治区级、市级、城区级统计	科研处	每学期统计一次
			获(试点)推广			
			承接主题活动			
	满意度	工作综合评价	德、能、勤、绩、廉	按年度考核流程及模式	工会教代会	每学期测评一次

续表

对象	一级维度		二级维度		评估者	
	测评点	说明描述	测评点	说明描述	执行部门	说明描述
班主任	执行力	班级工作指令按时按质	月工作会决议	按《柳州市德育工作条例》执行	政教处年级	每月统计，全校分类班排序
			年级工作决议			
			专项（题）决议			
	学生行为规范	学生达标人数	学额巩固	按上级要求、《中学生日常行为规范》《学校公物保管条例》等执行	政教处年级	选定学期（月）主题，周查月报，全校分类班排序
			行为及形象			
			设施完好			
	班级学习成绩	与初始数据的变化	月检测	按总分，对比年级排名的人数变化，每50名为检测比较点	教务处年级	每学期4次，全校分类班排序
			期中检测			
			期末检测			
			中考			
教/备组长	执行力	学科组工作指令按时按质	月工作会决议	按上级及学校常规执行	教务处年级	每月统计，全校学科组排序
			年级工作决议			
			教研活动			
	学科学生学习成绩	与初始数据的变化	月检测	按四率一平，对比城区（以上）排名的人数变化	教务处年级	有城区（以上）统测时执行排序
			期中检测			
			期末检测			
			中考			
	全组教师业务成绩	教师自身竞赛及展示	赛（说）课	按国家级、自治区级、市级、城区级统计次数	科研处年级	每学期统计一次，全校学科组排序
			专业论著			
			教学辅助技术			
			现场示范展示			
			专（主）题报告			

续表

对象	一级维度		二级维度		评估者	
	测评点	说明描述	测评点	说明描述	执行部门	说明描述
学科教师	执行力	工作指令按时按质	年级工作决议	按上级及学校常规执行	教务处年级教/备组	每学期统计一次,学科组内排序
			教/备工作决议			
			专项(题)决议			
	教学班学生学习成绩	与初始数据的变化	月检测	按学科,对比年级排名的人数变化,每50名为检测比较点	教务处年级教/备组	每月统计,学科组内排序
			期中检测			
			期末检测			
			中考			
	指导学生参赛成绩	学生竞赛及展示	赛(说)演	按国家级、自治区级、市级、城区级统计次数	科研处年级教/备组	每学期统计一次,学科组内排序
			文章获奖发表			
			学习技术活动			
			现场示范展示			
			专(主)题报告			
辅助/后勤人员	执行力	工作指令按时按质	部门会决议	按上级及学校常规执行	各部门	每学期统计一次,同类岗内排序
			专项(题)决议			
	满意度	工作综合评价	德、能、勤、绩、廉	按年度考核流程及模式	各部门	每学期统计一次,同类岗内排序

附件2:学校管理基本运行框架

部门	任务内容	备注
校长室	1.岗位设置	以上级设计为主,结合学校实际
(委托各处室)	2.课程设置	三年一周期,学期一调整
	3.人员聘用	
(委托工会)	4.绩效评定	三年一周期,学年一调整

续表

部门	任务内容	备注
校办公室	职工在岗管理规范	一年一周期,学期一调整
	1.考勤制度	每学期逐项逐人考核评定 (责任人:校办公室主任)
	2.考核制度	
	3.值日值岗制度	
	4.会议(行事历)制度	
	5.公文签送制度	
	6.档案及人事制度	
	7.内勤及外联	
政教处	学生(班主任) 在校管理规范	三年一周期,学期一调整
	1.考勤制度	每学期逐项逐人考核评定 (责任人:政教处主任)
	2.环境及卫生	
	3.行为及活动	
	4.学籍及编班	
	5.社区及家联	
	6.班主任管理	
	7.内勤及外联	
教务处	教(教师)与学(学生)管理	一年一周期,学期一调整
	1.教师与学生课堂行为规范	每学期逐项逐人考核评定 (责任人:教务处主任)
	2.学科课堂教学基础流程	
	3.学科教学进(难)度选择	
	4.学科作业及辅导规范	
	5.学生学科学习检测及评定	
	6.教研(备)组管理	
	7.内勤及外联	

续表

部门	任务内容	备注
科研处	教师业务水平管理规范	每学期逐项逐人考核评定 （责任人:科研处主任）
	1.教师在岗研修(继续教育)	一年一周期,学期一调整
	2.教师岗位技能测评	
	3.教师岗位业绩核定	
	4.教师业务课题研究	三年一周期,学期一调整
	5.教师终身学习(阅读)水平	一年一周期,学期一调整
	6.教师分类培养	三年一周期,学期一调整
	7.内勤及外联	
总务处	学校财、物管理规范	一年一周期,学期一调整
（财务室）	1.财务制度	每学期逐项逐人考核评定 （责任人:总务处主任）
	2.固定资产管理	
	3.采购制度	
	4.设施维护管理	
	5.基建管理	
	6.校园环境美化	
	7.内勤及外联	
（宿管处）	8.内宿生管理	
	9.食堂管理	
	10.生活小超市管理	
综治办	校园安保综合管理规范	一年一周期,学期一调整
	1.安全	每学期逐项逐人考核评定 （责任人:综治办主任）
	2.法制	
	3.消防	
	4.维稳	

部门	任务内容	备注
综治办	校园安保综合管理规范	一年一周期,学期一调整
	5.周边环境治理	每学期逐项逐人考核评定 (责任人:综治办主任)
	6.突发事件处置	
	7.内勤及外联	
工会	管理规范	一年一周期,学期一调整
	1.学校民主议事会	每学期逐项逐人考核评定 (责任人:工会主席)
	2.学校教代会	
	3.学校奖励性绩效工资领导小组	
	4.教职工之家	
	5.内勤及外联	
党务	由党支部具体设计	

附件3:细化及深化上级评价内容及维度

学校应立足区域,服从地域评价体系,并在此基础上,寻求突出学校实际及特点,自觉进行校本比对,根据实际,初步确立了学校的各项评价载体框架:

领域	项目	关键指标	评价要点	学校对应措施、课程、活动、评价			
一、学生综合素质	(一)品行习惯	1.学生守纪优良率	自觉守法守纪、维护公共秩序	文明礼仪星、孝亲敬长星、友爱互助星	学生综合行为月评定活动 ①方案 ②评分表 ③量化考评点 ④星级学生申请表	班级四项达标周评比活动 ①纪律 ②"两操" ③卫生 ④文明礼仪	班级德育活动月考评活动 ①方案 ②检查表
		2.公民素养优良率	诚实守信、举止文明、环保节俭				
		3.社会情感优良率	乐观自信、善于沟通、乐于助人				
	(二)学习水平	4.课堂参与率	乐学好学、积极参与课堂学习	勤奋自强星、团队协作星、学业进步星			
		5.作业良好率	按时完成、书写工整、及时订正				

续表

领域	项目	关键指标	评价要点	学校对应措施、课程、活动、评价				
一、学生综合素质	(二)学习水平	6.学业水平达标率	学业成绩达到国家课程标准要求	勤奋自强星、团队协作星、学业进步星	学生综合行为月评定活动①方案②评分表③量化考评点④星级学生申请表	班级四项达标周评比活动①纪律②"两操"③卫生④文明礼仪	班级德育活动月考评活动①方案②检查表	
		7.科学技能掌握率	掌握理科实验、科学探究、信息技术等规定技能					
	(三)体艺健康	8."两操"良好率	认真做好体育大课间和眼保健操	全面发展星				
		9.体能体测达标率	体能测试达到国家规定合格标准					
		10.体质健康达标率	体质达到《学生体质健康标准》					
		11.体艺"2+1"掌握率	掌握2项体育、1项艺术技能					
		12.体育锻炼坚持率	每天坚持体育锻炼1小时					
	(四)生活技能	13.安防技能掌握率	掌握基本的安全常识和防范技能	劳动卫生星、社会实践星、安全守纪星				
		14.生活技能掌握率	掌握基本的通用技术及生活技能					
		15.自主管理良好率	自我规划、自主管理学习和生活					
二、学校教育管理	(五)规范办学	16.课程开足开好率	体育、艺术、综合实践等课程开足开好	①国家、地方、校本的融合②常规管理实践与反思③以"服务"为特征的管理文化				
		17.校产资源使用效率	经费及校舍、设施设备、图书仪器等充分有效使用					

续表

领域	项目	关键指标	评价要点	学校对应措施、课程、活动、评价
二、学校教育管理	（五）规范办学	18.常规管理规范度	各项常规工作管理规范有序	①国家、地方、校本的融合 ②常规管理实践与反思 ③以"服务"为特征的管理文化
	（六）公平关爱	19.教育公平度	公平享受教育资源和合法权益	①德育工作研究 ②德育工作实践亮点与反思 ③以"融合"为特征的德育文化
		20.学生关爱度	弱势群体得到充分关爱与帮助	
		21.学额巩固率	学额巩固率达到规定标准	
	（七）全面育人	22.核心价值引领度	价值引领及校园文化建设有效性	①教学工作研究 ②教学工作实践亮点与反思 ③以"适合"为特征的课堂教学改革
		23.思想品德优良率	教师的育人质量	
		24.课堂教学优良率	教师的课堂教学质量	
		25.活动有效参与率	学生社团或兴趣小组参与数及质量	
	（八）校本评价	26.质量监控有效性	校本评价全面科学、激励性强	以"变化值"为特征的评价

学序守规，尊知敬德

一、关于健康

心存善意，善心善行，在家，善待家人；在校，善待师长，善待同学；在社会，善待他人。以君子之心，度众人之行，见与自己意见不同者，包容之；见与社会行为不端者，改变之；见知行困难者，帮助之。

同学、老师，生如一家人，相识相知，相帮相助，心若有阳光，则天下同辉。

二、关于律己

心有规矩，美心礼行，在家，尊重家规；在校，遵守校规；在社会，遵循秩序。以规律己，以序量人，见不守规矩者，教育之；见破坏秩序者，谴责之；见无知无律者，约束之。

同学、老师，应教有规则，学有规矩，循规蹈矩，相制相约，心若存方圆，则天下同睦。

三、关于尚学

学高为师，师亦是生，生亦可师。师生，学习路上共行同向，皆学未来处世技，以获生活能；皆学未来生活序，以获共处能；皆学未来德品观，以获认同能。

同学、老师，应生命不止，学习不休，观言察行，仿长克短，心若知修行，则天下同进。

四、关于崇德

身正为范，仁心德行，方能成人上之人。无心无德者，谓之累人；有学无德者，谓之小人;有德无学者,谓之常人;有心无学者,谓之庸人;唯有心有学有德者,才能谓之全人。

同学、老师,应能各美其美,美人之美,美美与共,心若仁善德,则天下大同。

教育就如一个人

教育思维为骨：思想是人伫立的标志，也是人与动物的核心区别，骨架确立了，教育的形状也就确定了。

教育知识为肉：思维建立在一定的见多识广之上，而这里的见多识广，指的就是对世界的认知，即各类学科知识。

教育过程为心：知识是外部世界在人体中的内化，而内化是需要不断重复练习的，如果没有必要的过程，就不足以固化。

教育辨析为脑：人的个体不需要外部的所有，应是从中有所选择的，而这种选择的最终结果，就是为己所用、用得其所。

教育机制为血：要保持人的生命力，血液循环是关键，推陈出新、革旧纳优，方能保持生长，适应新环境、渗透新元素、创建新路径。

教育环境为肺：空气是血的主品，与世隔断的桃花源，最优级的就是不与凡同的空气，社会、家庭、国家对教育的态度及支持，决定教育的高度及内涵。

当然，还有诸如：教师为肝胆，甘为学生排毒解惑；班主任为脾肾，志为学生滤杂还新；干部为胰腺，愿为学生攻难克疑；而学生，当然就如胃肠一般，吃好、消化好。

还应有其他……

如待人一般看教育，正好。

教育就如人的生长，既有外在的叶（学科知识），也有支撑的干（人财物环境等），还有生命的根（人性素养）。

而教师就是养树人，但养树人不应仅仅局限于教师。

把众多的树圈起来养，由教师圈就形成了学校教育，由家长圈就有了家庭教育，由社会圈就有了社会教育。

这其中,有人善于修叶,如教师;有人善于培根,如父母;有的善于支联,如社会及政府机构! 只不过大家都要求或期许教师是全才(这当然是教师的理想和终极目标)。但社会是发展的,知识、能力、情感的定义也是不断发展的。所有人都应不断转变、承担、反思自我。

生长的过程就是沟通、妥协、积淀丰富的蜕变。叶子会因季而落,树干会因竭而老裂,但只要根须不死,必会春生、夏长、秋实、冬憩,关键是不应把希望和责任仅仅附系于他人。自己要有主张,想办法说服并影响他人,与自己同向而行。

关于教之尊严

学校最主要的任务是：在知识认知建构中积累自我适应、学习更新、完善辐射等素质能力，而学科知识及素养是一切的基础，考试是检验学科知识的最基础方法。

义务教育就是一种基础教育，学校教育就应以知识传递教育为主，教师的主要任务就是传递知识（以学科科学认知为主）。

当前社会矛盾赋予学校太多难以承载的功能。

过多地把社会教育、家庭教育的缺失，甚至社会综治管理的问题粗鲁地、转移视线地归罪于学校教育。

作为教师，应自觉维护教育，特别是学校教育的尊严。

教师首先是职业者，必要的职业准则还是需要遵守的。

教师其次是事业者，必要的责任良心，特别是质量责任是要执行的。

教师还应是梦想者，必要的理想追逐，特别是"通过塑造学生来改造世界"的社会担当是要承担的。

因此，教师不能人云亦云，更不能妄自菲薄。

教育工作者要思想先于一般人，无愧于"灵魂的塑造者"。

因为：中国的下一代在我们的手上，要准确、正确、明确地担当中华民族伟大复兴的历史职责，不做历史的被唾骂者，理想要与现实结合。

育人为本，德育为先

——专访柳州市前茅中学校长黄健明

校长简介：

黄健明，现任柳州市前茅中学校长，在职研究生学历，同时具有数学教育、法律学、计算机理论与软件三项国民教育学历文凭。1993 年参加工作，曾在四个不同类型学校任职任教，2003 年任副校长，2009 年任校长至今。先后荣获国家特约督导员、教育部第二批名校长培养工程对象、广西第八届人民政府督学、广西首批名校长培养工程对象、柳州市第六批优秀青年科技人才、柳州市城中区政府督学、全国普法先进个人、全国课题研究优秀校长以及城中区十佳校长等荣誉称号。2019 年 5 月挂牌成立全国名校长黄健明工作室，利用全国优质教育资源为城中区、柳州市乃至广西、全国的义务教育发展贡献力量，同时助力前茅中学全面发展。

位于河东片区北部的柳州市前茅中学，于 2018 年 8 月 28 日正式揭牌投入使用，是城中区重点打造的优质公办初级中学。该校的成立极大缓解了河东片区北部的就学问题。前茅中学秉承师生同创共进的理念，用信息化推动教育现代化的管理模式，以优质的办学元素、全新的课程体系标准创建的核心学科素养课堂教学为准则打造学校。同时该校还依托柳州高中生源基地的优势和全国第二届名校长领航工程工作室优势，利用柳州高中的质量管理及人才培养的先进经验及工作室的全国优质教育资源，助力学校全面发展。在知识渊博、教育理念先进的黄健明校长的带领下，前茅中学取得了怎样的成绩？为了探访前茅中学发展的背后故事，近期记者对前茅中学校长黄健明进行了专访。

主持人：黄校长，您好！您能给我们介绍一下前茅中学吗？

黄健明：好的，我们学校创建于 2018 年 8 月 28 日，是根据城中区政府要求打造的一所公办初级中学。学校位于柳州市桂中大道延长线北段西侧，轻轨公共交通站附近。学校总面积为 39842.32 平方米,目前教师 83 人,教师学历平均在本科以上,其中 4 名有研究生学历。目前在校学生 987 人,19 个教学班。计划发展规模为 30 个班,学生人数 1500 人。教育教学设施齐全,新建 3 栋教学楼,30 多间电子教室,并设置有学生午托室、师生食堂、书法室、形体室、音乐室、劳技室、学科实验室、多功能会议室、微创新工作室,以及室外灯光球场、标准塑胶田径场、足球场、篮球场、体育馆等。

主持人:作为新办中学,前茅中学秉承的办学理念是什么?

黄健明:我校以"严律崇规"为校风,以"善法博研"为教风,以"勤思敏行"为学风,恪守"学高为师身正为范"的校训,坚持"厚德励学、同创共进"的办学理念。我们唯有厚德励学,才能在向善向上的经历中创造更美好的明天。厚就是厚己、厚家、厚他、厚国的精神;德就是德心、德言、德行、德群的情怀;励就是励品、励格、励质、励养的毅力;学就是学知、学能、学处、学同的执着。

主持人:作为城中区重点打造的学校,前茅中学的办学优势和亮点是什么?

黄健明:前中的办学优势基于学校资源的联动协调,其核心是"同创共进",学校充分利用柳州高中大学区长的教育资源,挂牌成立了"柳州高中英才培养前中工作室",以"柳州高中生源基地校"为平台,构建初、高中教师资源联盟体。学校在城中区河东北片学区长十二中的支持下,挂牌成立了"柳州市十二中中考研究前中工作室",以十二中骨干教师为主体,构建城中区区域校际教师资源共同体。同时,我校还依托"城中教育大讲堂"等平台,广纳贤才,在语文、数学、英语等学科聘请了享有全市盛名的、具有丰富经验的学科带头人担任总监学,通过第三方督导的形式,对学科组的集体备课等教学活动进行全面督查及指导。

前中有两大亮点。第一是系统构建课程体系,促进学生全面发展。我校把国家课程、地方课程以及校本课程有机结合起来,着力凸显德美向善、智体向上、劳行向实、五育并重的课程体系特征,为学生提供基于核心素养的有效促进个性发展的多元化课程,以此培养出理想高远、道德高尚、体格健美、运动健强、情趣高雅、生活优雅、学识扎实、研行充实的前茅英才。第二是创新"双微"课堂教学,促进学生学业发展。学校创新课堂教学模式,采用"双微"课堂教学模式,促进学生的混合式学习,关注资源整合共享,关注学习方法指导,关注学生个性发展。师生通过"双微"教与学,日日精进,久久以恒,在不断渐变向善向上的经历中全面发展。

主持人：以德育为教学理念的前茅中学,在学生课堂中是如何融入办学理念的呢?

黄健明：办学理念关系着学校的发展方向,是确立德育目标、实施德育课程、开展德育活动的理论根基。我校尝试将办学理念融入到课程体系中,实现了两者的有效整合。学校在系统构建课程体系的同时,注重德育课程体系的特色建构,使学校办学理念融入课程化载体,用大课程观落实大德育观,把"厚德励学、同创共进"有效融入学校课程体系。基于我校的师生实际情况,采用了全新的课程设置体系标准,以"两少一多"的半封闭式管理模式为目标。让学生"少"一些机会接触外界的不良诱惑。学生"少"做与学习无关的事,"多"花一些时间在学校,实现学习的高效性。

主持人：学生的成长离不开学校和老师的教导,前茅中学在学生培养方面是如何做的? 从哪些方面体现了素质教育?

黄健明：前中作为新办的中学,基于师生的素养及品格基础,我们的核心是"善上·以至前茅",立足从学生实际出发,学生就应在不断地向善向上中逐渐成长。

在学生培养方面,虽然大部分前茅中学的学生没有地位显赫的父母,也没有充裕富庶的家境,更没有向上向高的学识及家训,家庭、学识基础及环境的起点较低。因此,我们要回到原点,从心智向善做起,设法用三年初中转变他们长期不自觉形成的陋习低识。首先,加强"向善的前中德育力量"建设,确保"师生理想高远,道德高尚,言行高雅,生活优雅",同时向"德美向善"目标递进。具体实施措施有四点:做好班级课前"四整理"、每周师生行规"四检查"、每周师生励志"四个一"活动、每周发现"德美好师生"。所有措施结果均要记入教师业绩及绩效考核,学生结果计入学期操行评定。

主持人：对于一所学校而言,优秀的师资队伍是提高教育教学质量的有力支撑,请您介绍下前茅中学在教师队伍建设方面的一些具体措施,以及学校对老师工作的要求和标准是什么?

黄健明：为了确保教师能够较好地理解和认同学校的办学理念,尽快适应学校的教育教学节奏,我校坚持以教师的成长和发展作为教师教育的根本出发点和落脚点。

我校的师培工作分为三个阶段。第一阶段首先是适职通识培训,也就是校内培训,以校长为主讲,为所有前中的老师解读学校顶层设计,内容包括学校课程规划、课堂教学组织以及班级的管理组织等。其次是外访名校,在理论层面达成一致后,学校组织开展访名校行动,目前访问过的学校有柳州高中、壶西实验中学、十二中学、龙城中学、文华中学等名校,由这些学校的主要领导,向全体前中的老师进行教学及管理相关的技能培训。第二阶段是入职达标培训"三线并行同创共进"。十二中中考研究前中工作室、柳州高中英才培养基地前中工作室、城中大讲堂、城中区新入职教师培训基地相继在前中挂牌成立,多位学科专家到访前中指导各学科组工作。同时,前中在柳高大学区长的具体指导下,依托"柳高英才培养基地前中工作室",开展教学科研、教学交流、竞赛型人才早期培养、初高中学段衔接教学等每月定期活动。另外,在十二中河东北片学区长的支持下,前中依托"十二中中考研究前中工作室",在课堂教学、考题研究、复习应试、促优补弱等方面每周定期组织针对性训练。在柳州市名师们的精心组织下,依托"城中区教育大讲堂前中分讲堂",在学科教学策略、集备活动、师德师能等方面精益锤炼,在新入职教师的教学综合素养方面精准培养,高标准推进。第三阶段,其一,是履职争优培养,遴选学科苗子,依托"城中区教育系统师培实训基地学校"平台,实施"前茅中学师资'春芽培绿'工程",对教师分类分科分项目培养。每科选一两名骨干教师,聘请市教科所教研员为导师,每两周为一个周期,以研课为基本载体,每次提出一两个问题,用两周研讨解决,依次递进。其二,是师培普惠,"三五"计划,即全体教师三年内自治区内轮训一次,五年内自治区外轮训一次。其三,是专家引陪,广邀专家进校进课堂,参与备课组教研会议,对青年教师的教育教学各项工作进行全方位的指导。其四,是教师专能常训,在中考科目中开展解中考题行动,加强中考科目教师以考试为核心的编、解、讲题能力。

主持人:自去年您创办的全国名校长黄健明工作室成立后给学校、老师、学生都带来了什么实质的变化?

黄健明:自工作室成立至今,对于教师方面,变化最为显著。我校教师队伍从学科教学理念、教学方法、教学规范要求等方面得到相关学科组老师专家指导,取得了较好的教研效果,使我校在办学理念、管理水平、教学质量等各方面有所提升。同时,在城中区教研室支持下,对新入职教师进行适岗定级测评,通过学科教研员帮扶,让新入职教师"站稳"课堂,让骨干教师"站好"课堂,规范学科教备活动"课例研讨、微片段制作、考学情分析"三必备,加强对教师备课、作业、听课、教辅、眉批五环节检查,充分运用周测月评结果调整教学,严格达到"博学善研"师能提升的要求。实施学校"三五"计划(三年合格、五年成才),有序派送教师参加城区、市、自治区、国家各类培训。虽然我校是所新建的学校,青年教师比较多,2019年度老师们积极参加各级各项比赛并获得不俗的成绩,其中徐懿琳老师、陈伊琳老师分别荣获第十七届全国初中信息技术与教学融合创新课例一等奖、二等奖;我校有6位老师荣获城中区第三届教育科研成果奖。

对于学生方面,我校以"周测月评"的形式对学生进行阶段性的测试评价。鼓励在周测月评中进行考点乃至考题的原题重现,让学生得到反复多次的训练从而真正地掌握知识。

对于学校方面,教育教学成果变化较为明显,学校声誉日益高涨,社会评价逐年提高;新生年年供大于求,每年招生报名场面火爆,新闻多次登上媒体显著位置,并且生源素质不断提高;前茅中学也成为老师招聘向往的热门单位,高层次高学历人才纷纷抛出橄榄枝……

主持人:可以和我们说下前茅中学今后的发展目标吗?

黄健明:当然,为了使学校有更好的发展,我们根据学校师资、生源、学区社会发展的实际情况,在边建边办的过程中,逐渐形成了学校"三五"计划发展方向,在同创共进的历程中成就前茅英才。首先,是核心价值的培育,力争三年内形成"德美向善、智体向上"的师生共同信仰,五年内形成具有社会影响力的学校品牌力量。其次,是课程价值的培育,力争三年内形成"正向变化就是质量"的课堂模型,五年内形成"基于学生发展"的课程体系。紧接着是师能价值的培育,力争三年内形成"博法善研"的技能型教师队伍,五年内形成"基于课程发展"的研究型教师队伍。最后,是管理价值的培育,力争三年内形成"同创共进"的服务型管理队伍,五年内形成"基于学校发展"的研究型治理队伍。

注重思想引领,以课程建设为中心,系统规划发展。前茅中学以"师生有信仰,学校有力量"为核心价值,秉承"同创向善、共进向上"的核心理念,实施"善上至前课程"的核心课程,让学生体验"善上"之经历,实现"德美向善、智体向上"的核心目标。

主持人:我们祝愿,我们也有理由相信,在您的领导和管理下,前茅中学的明天会更好,谢谢您接受采访!

黄健明:谢谢!

第二部分 **02**

学校治理实操案例

守正推新　强师固本　提质增效
争创"五美好"课堂
——学校学期工作计划的思考

一、指导思想

以习近平新时代中国特色社会主义思想为指引,通过实施促进学生全面发展的"启潜育前"课程,让学生在"向善向上"的经历中,成为爱家爱国爱世界的前茅英才。

二、工作目标

(一)抓好党支部建设

全面推进标准化党支部建设,在基本组织、基本队伍、基本活动、基本制度、基本保障五个方面努力达标。

(二)抓好教师队伍建设

以"四有教师"(有理想信念、有道德情操、有扎实学识、有仁爱之心)为标准,在师德师风、师技师能、爱生护校等方面精准培养,努力形成业务精良的教育教学力量。

(三)抓好基础条件建设

以标准化学校建设为标准,在设施设备、办公用品、环境及文化等方面精准投入,努力形成环境优雅、设施齐全的育人校园。

(四)抓好课程课堂建设

以创建"五美好课堂"为平台,在党员模范、干部示范、教师规范、家校共育、社会共治等方面守正推新,努力形成师生留恋的课程文化。

（五）抓好制度管理建设

以义务教育优质均衡发展为标准,认真落实《义务教育常规管理》,精准对标,完善纲目,努力形成规范可行、效益实用的治校体系。

（六）抓好学校综治建设

以"平安校园""法治校园""绿色校园"等建设为平台,努力维护人员、环境、事务、校园周边综治的安全稳定。

三、主要工作

（一）加强党建对学校工作的全覆盖,确保方向正确、组织有序、保障有力

1.加强思想建设,提升理论素养。以加强师德师风建设为重点,加强思想政治教育和师德规范教育,树立为人师表、爱生敬业的师德形象。

2.加强教育管理,提高组织能力。引导教师不断加强师德修养,认真落实教育、教学常规,促进教师专业成长。

3.加强作风建设,规范党员和教师行为。做到艰苦奋斗、勤政廉洁、严于律己。

4.加强民主管理,推进依法治校进程。组织好民主议事会、民主生活会、群众测评党员干部等活动,规范党务、校务公开,充分发挥工会、责任区督学监督作用。

（二）加强"向上的前中教学力量"建设,确保"学识扎实、研行充实,体格健美、运动健强"的前中"智体向上"目标的递进达成

1.加强课前备课及学生预习活动的开展。严格落实每周教研活动"五个一"(一周教案、一周听课记录、一周作业批改、一周课本眉批、一周同步练习解题)检查。

2.加强课堂调控及学生学习效果达成。严肃教师课堂管教管导主体责任,同步执行班级课堂"四整理"活动[随时对卫生、物品摆放、上课用书(具)、坐姿进行整理]。

3.加强课后作业批改及学生订正反馈。严明教师作业布置、批改、登记、讲评以及检查学生订正的职责,采用面批形式对学生进行个性化辅导,建立有余力学生和学困生专项档案,一视同仁、分策指导。

4.加强每周"发现智体好师生"活动的开展。每周组织周测(练)活动,主题就

是发现、寻找本班本周"学习故事",题目设定为"身边的学习榜样"。形成校园向上力量。

【备注】

在党建方面,学校提出"标准化党支部建设"的工作目标。在管理方面,学校提出"守正推新,提质增效"的工作目标。这其中的抓手就是"强师固本""创建五美好课堂"。

标准化就是流程规范化,就是计划、实施、指导、监督、评价、反馈等工作步骤及内容的明晰化。

守正推新就是守"教学优先"之正、推"五美好课堂"之新,是所有工作的重点、核心及突破点。

强师固本就是优先发展教师队伍,是以教师为中心的学校综合管理,是以师资为本、师能优先的原则。

提质增效就是使工作有更优质量、有更大变化,就是想得更足、抓得更实、做得更细。

创建"五美好课堂"就是工作主阵地在课堂。就是"一切为了学生""从教师中来,到学生中去""学生学得好,那才是真正的好"。

(1)党员模范好课堂:党员要站在"疑""难""紧""重"之前,"首干在我、攻坚在我""不达目标不罢休"。

(2)干部示范好课堂:干部要率先垂范,身先士卒,当好标杆,让自己所做的事可学、能学、可复制、可推广。

(3)教师规范好课堂:教师要标准统一,课课如一、日复一日,使每课的操练流程固化,每天的学习步骤一致。

(4)家校联动好课堂:家长也是教师,也要给学生上课,要把自己的工作经验、生活阅历、家风家训进行分享。

(5)社会实践好课堂:走出校园去实践,才能劳教结合、研行统一,才能爱家、爱国、爱世界,才能检验真知、创造美好。

坚定而友善地从最后一名学生做起
——质量分析会上的思考

"塑行(形)行动"已悄然告一段落,在这三个月的艰苦高强度、紧凑大容量的行为强化训练中,老师们披星戴月、分秒必争地备课、上课、批改作业、找题、出题、监考、改卷、质量分析、找学生谈话、与家长沟通、带领学生活动及训练,事事认真、处处争先,既分工明确,又合作无间。老师们用知行合一的付出,体现出了"厚德励学""共创同进"的校训,他们是一群勇于担当、敢于争锋的新时代师者!

知识技能基础和行为约束规范能力尚显稚嫩的同学们的变化尤为明显:没有一起违纪行为,几乎没有迟到现象,没有一起顶撞老师事件,没有奇装异服、头型怪异者,没有乱丢乱吐乱损坏公物现象……有的是几乎人人都懂的礼貌,整齐划一的各项集队,安静且卫生、自觉的有序就餐,积极高效的大课间及课外训练;有的是积极踊跃的练声合唱队,初一参赛就获铜牌的田径运动队,初一参赛就只输老牌劲旅几分的篮球队,立志夺冠、正刻苦训练的足球队,精彩纷呈的艺术书画手工创意作品,激情飞扬的体育节,社会实践及班级亲子活动;有的是早早亮灯的教室朗朗书声,晚晚熄灯的、迟迟不愿离校的学生及门外久久等候却面露喜色的家长,各显特色的班级文化呈现,发自内心的"老师好""您辛苦了""谢谢老师",自发的互相背诵检查、自觉的赶交作业的场景,自主的清整教室、走廊的画面,共同的维护班级荣誉的表现。

我们有理由为孩子的出色喝彩、鼓掌!不知不觉中,他们是那样紧跟老师地坚持、那样天天向上地变化、那样处处向善地企盼!这——不就是对前中的"德美向善""智体向上"的最好诠释吗?来吧!让我们也从内心深处,为学生们由衷地喝第一次彩,并让其延长下去……

诚然,有的老师,把控教材的能力还稍显稚嫩、上课调控的节奏还略有生疏、知识传导的技艺还有些不足、课后辅导的有效性仍需完善、备题出题的针对性仍需研究、质量分析的策略调整仍需落实到人。但我们有理由坚信，这些都是暂时的困难，老师们会用更持续的努力，骄傲而有力地跨越这前进路上的藩篱。

诚然，有的学生的阅读量还不够大、解题面还不够广、题型的把握还不够准、训练的强度还不够大、知识的记忆还不够牢固、学科核心素养（技能）还不够明晰，如：语文的语基记背、阅读、作文还需加强；数学的解题格式、破题思路、基础题反复还需加强；英语的单词语法记背、基本题型反复、听力还需加强；政治的答题条纲性枚举、跨节跨单元综合反复记背还要加强；历史、地理、生物的课堂效率还需加强；图音体美的课堂灵活实效性还需更加创新。但我们同样坚信，这些只不过是前进步伐中的小小涟漪，只要我们脚步扎实、时间充实、纠偏落实、方法务实，效果就一定真实。友善而坚定地相信，只有越来越好，更会走向美好！

友善是对孩子的尊重，坚定是对自己的尊重。

如果一个孩子从不犯错，那么他永远不知道如何修复错误，并做出更好的抉择。所以，应该让孩子拥抱自己的错误，因为错误教会他们成长，教会他们变得坚毅和勇敢。一个勇于承担错误的孩子，势必在遇到困难时会更有勇气，更有"弹性"！

让我们友善而坚定地走向未来！

弘扬感动的力量

——教师表彰会的思考

老师们奋发有为、勤于教学、精于科研、严于管理,他们护生护学校,恋家恋班级,在平凡的岗位上取得了极其不平凡的业绩。学生爱他们,家长感谢他们,社会赞扬他们,举行隆重的颁奖典礼,就是要表扬老师们的努力、弘扬老师们的精神。

有这样一群人,他们率先垂范、身先士卒,带领全体师生不断进取,他们无愧于学校"最美好干部"和"最佳好干部"的称号:

他们是引路人,是领导者,是学校的大家长,带着锐意进取的教师同创共进。他们以独有的魅力感染学生,以独到的智慧指导教师,以独特的眼光注视发展方向。他们敬业、坚持,他们拼搏、上进,他们始终用行动证明着一切,用高度的责任感打动他人,为学校的未来开创出一片大好天地!

有这样一群人,他们是学生的同路人、伴行者,他们是学生最想亲近的人,他们无愧于"最美班主任"和"最佳班主任"的称号:

如果有一种力量可以指引人生的方向,这其中一定有他们的光芒;如果有一种声音可以影响一个人的思想,这其中一定有他们的嘹亮;没有什么比班主任的潜移默化更能在孩子的心目中留下如此深刻的印象。温暖的关怀与严厉的管教相依相伴,就像一座灯塔,无论在黑夜的疾风骤雨里,还是在白昼的风和日丽中,都始终屹立!

面对一个个天真的心灵,面对一件件繁杂的事务,怀着对教育工作的热情和激情,用大爱和深情去温暖和感化孩子们的心,用认真和智慧去处理和完成所有的任务。都说他们是世界上最小的主任,管理着还在成长的一群孩子,都说他们是最棒的园丁,画出了孩子成长的年轮。

有这样一群人,他们是学科的带头人、教学的示范先试者,他们是学生最想打

破砂锅问到底的人,他们无愧于"最美教研组长"和"最佳教研组长"的称号:

他们是学科组的掌舵人,用善思谨行的治学风格熏陶出一个个爱岗敬业的教师,模范带头、规范认真,无论是分内职责,还是分外帮衬,他们都不遗余力、善始善终。他们团结同事、关爱学生,带领出一个个会协作、有战斗力的教研团队,为学校的教育梦增添一抹亮丽的色彩!

书山有路,他们是拓荒者;学海无涯,他们是引渡人。以务实创新的精神勇挑重担,团结协作同组老师,用心耕耘、众志成城,在打造别人的同时,也重塑了自己。

有这样一群人,他们认真备课、精心施教,全心全意为学生答疑解惑,他们是不断创新、求真务实的学科教学研究者,他们无愧于"最美好教师"和"最佳好教师"的称号:

这是一群默默无闻的耕作者,这是一群技艺超群的演绎者,他们以蓬勃的朝气,迅速融入集体,精准尽责地演绎自己的角色。有时沉默,善于思考;有时忙碌,乐于实践。他们是学校的一脉温泉,暖暖地流淌,滋润学生的心田,他们耕耘自己的桃李天地,演绎精彩的教育人生。至美、至善、向上,他们在付出,也在收获。

他们是一个个教育的火种,怀抱着求知的热情,投身三尺讲台,自信与执着是他们的印记,刻苦与努力是他们的标志,教育道路上,他们发挥才智、怀揣激情、放飞梦想;校园里,他们不断在学习实践中提升自己、超越自己。他们的辛勤付出,是学校不断发展的重要基石!

有这样一群人,他们是师生的守护者,为师生的美好生活默默服务,他们是"最美行政员":

晨光熹微,有他们忙碌的身影;灯火通明,有他们辛勤的付出。美丽微笑,绽放的是对工作的热爱;春风化雨,传递的是对师生的关怀。亲切随和地热情服务,默默无闻地忠于职守,他们用真心与无私为我们诠释了学校服务人员的无限风采!

学校的全体教职员工,以爱的阳光做伴,给孩子们和家长们带来了无限温暖。用亲和感化孩子,用细心赢得家长,学生因教师而美,教师也因学生而美,为国行春风,育英甘化雨。

学校的全体教职员工,无数次用脚步丈量从办公室到教室的距离,无数次用爱融进家长、学生的心灵。在这片热土上,留下语言播种、心血滋润的足迹,学生的心里,满是教师们勤恳开拓、以身作则的身影。

学校的全体教师,正以小舍求大得,行大道言大爱,用智慧为孩子的成长奠基,以勤奋追求着教育的幸福。

结束是为了更好地开始

——学校期末工作思考

【项目一】期末教师工作安排

【时间】期末散学典礼周

【目标】结尾是为了更好地开始

【操作】

一、各教研组做好试卷批改、登分、讲评工作

试卷批改应实行封闭流水改卷形式,卷面赋分不得涂改,确属需要改卷面分的情形,一律由教研组长执行并在更改处签名,由教研组长记录批改错误的教师的信息,纳入改卷责任事故范畴;

登分应实行封闭盲卷统一形式,应由教务处另行指派非改卷老师或学科交叉进行登分,登分原始表一式三份,采用复写方式,不得涂改,教研组长、班主任、教务处各持一份,确需更改错登分数的情形,一律由教务处主任执行并在更改处签名,由教务处主任记录登错分的教师的信息,纳入登分责任事故范畴;

讲评应在 72 小时内进行,科任教师应从复习的针对性及学生复习表现、考试答题总体得失分情况,考试技巧态度表现、考试后订正及再巩固、再检测任务布置这三方面逐一落实,全面促成再考 100 分,开学时拟进行全卷原本重测,以检验假期再复习效果。

二、班级抓好学期行规总结及预学活动

政教处组织进行安全、法制、行规等四个专题教育,由各班主任组织进行新知预学活动,并持续整个假期,明确进度及内容要求,拟利用开学后第一周进行检测,检查预学效果。由班主任落实假期再记再背活动,明确范围及内容要求,拟利用开学后第一周进行检测,检查再记再背效果。

【项目二】期末学生会

【时间】散学典礼周

【目标】讲好学生校园述事

其一是按月讲好班级行事"历",让学生回顾自己的成长,思考自己的"正"作为;

其二是按项讲好班级业绩"榜",让学生感受榜样的力量,接纳自己的"正"变化;

其三是按律讲好班级治理"观",让学生严守学业的要求,提升自己的"正"质量。

【操作】分层级实施(学校层面、班级层面)

1.学校层面

学校各部门根据工作分工、分项、分类准备。

2.班级层面

班级各科任教师分学科准备。

【项目三】期末家长会

【时间】散学典礼周

【目标】讲好学校教育述事

其一是按月讲好学校行事"历",让家长了解学校事务进程,参与学校活动;

其二是按项讲好学校业绩"榜",让家长理解学校发展质量,认同学校效益;

其三是按质讲好学校治理"观",让家长掌握学校课程要领,支援学校教学。

【操作】分层级实施(学校层面、班级层面)

1.学校层面

学校家委会要先于全体家长会召开,主要对学校拟在全体家长会上发布的报告进行审议协商;由学校政教处明确议程,包括时间、地点、主题、参与人员、发言顺序等,还要落实保障,包括通知核发、签到记录、外联协调、会场布置、宣传报道、组织主持等;全体家长会内容一般包括:家长委员会代表发言、教师代表发言、班

级代表发言、校长发言,可根据实际于会前明确发言主题和内容,并准备好发言报告;

2.班级层面

班级家委会要先于全体家长会召开,主要对班级拟在班级家长会上发布的报告进行审议协商;班级家长会议程、保障、内容由班主任统筹;全体科任教师均应参与并作主题发言,学生不应参与,由班主任担任主持人。

【项目四】学期假期工作设计

【时间】寒假

【目标】休息好、评价好、计划好

其一是生活上的放松及调整,包括生理和心理的协调,让师生身体持续强健、心理持续健康;

其二是工作及学习上的总结与思考,包括内容、业绩、得失的评定,让师生学习可持续、工作可发展;

其三是新学期的计划及准备,包括目标愿景的设计和知识技能的储备,让师生方向明确、步骤清晰。

【操作】分类实施(生活类、工作学习类、师能学力类)

1.生活类

学校层面设计实施"研学旅行活动"计划和党组织、工会及部门聚力活动计划;班级层面设计实施"社会体验活动"计划、"班家联谊活动"计划;家庭层面设计实施"家风家训活动"计划、"遵规护序活动"计划。

2.工作学习类

学校层面设计实施"部门、班级、教科组工作汇报及点评活动"计划;班级层面设计实施"学期学力发展(巩固及预学)活动"计划;家庭层面设计实施"假期悦读共享活动"计划。

3.师能学力类

学校层面设计实施"教师师能学期定级活动"计划;班级层面设计实施"学生学力展示活动"计划;家庭层面设计实施"家校学力保障活动"计划。

为了更美好的明天

——新学校办学方案思考

【办学理念】厚德砺行,同创共进

学校是一群具有共同愿景的学生、家长、老师及其他权利相关者的公共精神家园,需要全体组织成员的协同努力,经历各美其美、美人之美、美美与共的和谐融合,才能达到天下大同的境界。

【培养目标】品优学远,守仁扬美

一个人的发展,应先源于健康,进而立于律己,再而行于尚学,最终成于崇德,因而,要做到于己有本、于家有义、于社有责,成为一个"大写的人"。

【校风】严律崇规:严守纪律、严格节律、严从定律、严循规律

【教风】善法博研:善钻教法、善研学法、善联家法、善思效法

【学风】勤思敏行:勤练习、思疑问、敏异新、行品优

【校训】学高为师,身正为范

师亦生来生亦师,作为教师,不应局限于用昨天的知识教今天的学生去面对明天的挑战;作为学生,不应满足于旧知识、旧方法、旧途径。师生无论生师,凡遇惑者,皆因自立于学,为生也;凡解惑者,皆因引人出困,为师也;师生是走向未来的同路人,是伴侣,更似亲人。

【课程】基于教育方针的核心素养课

1.道德(国民)素养课程

坚持德育为先、立德树人,着力解决"为谁培养人"的问题,未来的学生不仅涵养了丰润的家国情怀,还明亮了具有国际视野的世界眼光。

2.科学(学习)素养课程

坚持智育为核、终身学习,着力解决"怎样培养人"的问题,国家基本学科的落

脚点不仅是学科知识、技能、思维的传递,还承载着学习习惯、方式、路径的浸润,核心是形成解决未知问题的能力。

3.健康(生活)素养课程

坚持体育为基、健康生活,着力解决"培养保障"的问题,安全、法制、卫生等社会秩序及环境保障不仅影响着国家社会的稳定,还潜移默化地影响着每一个人的生存技能的储备,对个人的生活形态起着决定性作用。

4.价值(情趣)素养课程

坚持美育为根、情趣高雅,着力解决"培养评价"的问题,审美判断是世界观,特别是价值观的重要外显体现,社会主义学校教育是实践社会主义核心价值观的主阵地。

【管理】基于课程设置的动态项目负责制

1.政教处(德育课程部,包括美育)

主要承担班级及学生品行(包括安全、法制、卫生等公民素养)日常事务管理、校本及社会德育体验课程开发与实践事务,主抓价值(情趣)素养课程实施,以中华传统文化(家风家训、节假日、琴棋书画诗词戏曲等)为主线,以实践体验(观家乡、感中国、品世界)为主要载体,做到周有活动、月有主题、学期有研行旅学。

2.教务处(智育课程部,包括体育)

主要承担国家、地方学科教学及教师日常管理、中考及日常形成性测试实施及研究,主抓师资培训及师能提升事务,以学科考试解题素养(学科思维、学科课外拓展、学科考题训练等)为主线,以定期考试检测为主要载体。

3.办公室(行政后勤部,包括党务)

主要承担学校日常行政事务管理(办文、办会、材料组织、档案、人事、后勤保障、财务等),主抓教职工意识形态(含党务)、工作秩序、福利待遇(含工会)事务,以《义务教育学校常规管理》为主线,以教职工代表大会、民主议事会、校务(行政)会、政治(业务)学习会为载体(快传导、重责任、明实效),做到周有反馈、月有总结、学期有评价,体现事事有人做、人人有事责、件件有绩效。

4.视导室(督导及评价部,包括绩效)

.要承担学校日常督查及评价事务,主抓学校内部工作绩效评估,以各级工作指令执行情况为主线,以教职工工作秩序遵守情况、班级成效、教学成绩、行政后勤服务质量等为载体(兼顾工作量),做到维度适情合理、激励恰当、扬优去劣,体现凡事必评、逢人必竞。

【办学形式】基于同创共进的多元发展(校际合作+基地项目引入+课程资源)

1.校际合作

通过加入名校联盟、实施名校挂牌,引入名校管理及教科研平台,实现高起点、高平台、高目标发展。

2.基地(项目)引入

通过下一级学校(小学)的成熟项目衔接(如小学小班化及国际教育),建制整体师生接入(如国家、地方各种高端后备人才训练基地),快速实现师生聚集效益。

通过各级教育管理部门及教科研机构的活动项目承接(如讲座、科研、培训等),实现师资及管理高起点、高质量运转,扩宽办学效益及社会行业影响力。

【办学保障】以学校标准化建设为导向

1.基础保障设施设备

校园、教室、功能室馆(含会议室)基建;午托午休(含食堂)设施;网络通信系统(含100兆光纤、OA智能办公、网络教研平台);安保系统;室外集会及广播系统(含升旗台、室内外分区广播)。

2.教学辅助设施设备

校园、教室、功能室馆(含会议室)标准设备(如校园公共设施及体育运动器材、教室多媒体设施、功能室器材、体育馆器具、会议室设施等);教师及行政办公设施(电脑、桌、椅、柜);学生桌椅;日常办公设备(打印机、复印机、扫描仪、空调、传真机、窗帘等)。

3.校园文化及环境

外墙面文化;室内墙面文化;标牌标识;公共区域宣传展板;特色功能室造型;校园主题雕(石)塑。

4.师资储备

学科课程标准解读(包含学科知识点分析、测试解题技能、备考策略调控);学科课堂实施技能(包含备课、上课、课后辅导、作业及测试);班级工作技能(包含班会设置、活动开展、谈心谈话、心理介入、家访外联);行政事务技能(包含行政类文章接收处理、写作、档案、宣传、接待);内涵修行技能(包含三笔字、声乐、文娱、体育等兴趣爱好)。

5.学校制度及工作流程

以学年为计划,以学期为阶段,以周为基本周期,编制各级各类工作流程及要求,三年建设完毕,三年一调整。

【开学准备进度】

12月:完成筹备组建设(含基础设施组、文化环境组、师资课程组、后勤宣传综合组)

1月:完成项目及经费预算立项,开始师资培训,完成课程框架设置方案

2月:开始文化环境项目,开始学校制度建设

3月:启动学校宣传,开始生源调查统整

4月:启动辖区学校宣传

5月:特色项目立项

6月:准开学联调

7月:招生

8月:学前适应训练

9月:开学

发现德美向善好少年

——学校德育常规思考

以"师生有信仰，学校有力量"为根本，以创建"向善的学校德育力量"为抓手，以"美好课堂"为平台，着力培养教师德育队伍，系统设计德育主题活动，努力完成"师生理想高远、道德高尚、言行高雅、生活优雅"的"德美向善"目标。

一是抓好班级课前"四整理"活动。

科任教师在上课预备铃响起后，应立即在上课铃响起前赶到教室，立于讲台前，组织学生对卫生、物品摆放、上课用书（具）、坐姿进行整理，把检查结果记入"班级教学日志"对应栏，班主任对科任教师此项工作具有评价及纠正权，政教处安排日常检查记录，每周校会反馈各班得分及评价结果，每月对教师执行情况进行反馈，结果记入教师业绩及绩效考核。学生结果计入学期操行评定。

二是抓好每周师生行为规范"四检查"活动。

每周校会后，由政教处组织对各班师生的着装、头发、指甲、配饰进行整理，把检查结果记入"班级周评比"对应栏，政教处对各班班主任此项工作具有评价及纠正权，每周三由政教处对各班师生整改情况进行复查，每周校会反馈各班两次检查合规人次，结果记入班主任业绩及绩效考核。学生结果计入学期操行评定。

三是抓好每周师生励志"四个一"活动。

各班每周应组织师生观看一个励志视频、编发一个班级美篇、家长给学生授课一次、布置一个周末德育作业这"四个一"活动。政教处每周收集整理，形成具有前中特色的"德育素材库"，政教处对各班执行情况进行检查，每周校会反馈并推荐、推广各班好素材，推广结果记入班主任业绩及绩效考核。学生结果计入学期操行评定。

四是抓好每周"发现德美好师生"活动。

各班每周应组织师生写周记,主题就是发现、寻找本班本周"感动故事",题目设定为"身边的感动力量"。班主任要逐一阅批,挑选最佳的两篇上报政教处评比,每周校会反馈并推广,推广结果记入班主任业绩及绩效考核。每月出刊"感动前中"一期,电子版发至所有学生家长社会资源群,学生结果计入学期操行评定。

道德即于心无疚、于事无亏、于世无污。

我们唯有厚德励学,才能在向善向上的经历中创造更美好的明天。厚就是厚己、厚家、厚他、厚国的精神;德就是德心、德言、德行、德群的情怀;励就是励品、励格、励质、励养的毅力;学就是学知、学能、学处、学同的执着。

要引导学生行而遵道,教育学生的行为符合规则、程序符合规范、措施符合规律;回到原点,引导学生从心智向善做起,处而循德,处事无损身外,处世无害人外,处是无偏心外。

学生就应该在不断的向善向上中成长,教无定法、学无定势,适合学生的,就是最好的。

为了学生都有才艺

——师生素养养成思考

　　为培养德、智、体、美、劳全面发展的师生,笔者除了对国标课程进行"微创新"外,基于校本实际,基于核心素养,做了一些思路创新:

　　一是以课题立项的形式,下设子课题,组课题团队,尽力申报(省)自治区级及以上立项。

　　二是分学期设计,初中三年按五学期设计课程(第六学期以中考为核),拟让师生每学期完成2门(半学期一门),三年下来完成10门,称之为"十会"课程。

　　三是每学期课程数与周天数一致,保证每天都有素养课。如:

　　书法类(如硬、软笔),目的是让学生静下来;

　　歌咏类(如合唱),目的是让学生活起来;

　　体育类(如乒乓球、足球),让学生动起来;

　　舞蹈类(如韵律操),让学生美起来。

　　四是规划好"十会"课程,全体师生参与开发,同创共进,可视实情,适当变通调整:

　　1.会唱一首歌:如《我爱你,中国》《歌唱祖国》《老师窗前有一盆米兰》

　　司马迁在《史记》中曾说过:"诗三百,孔子皆弦歌之。"歌唱可以提高我们的文化艺术素质和修养,使人感情丰富、心绪平和。感受歌曲、理解歌曲、学唱国内外优秀的歌曲,对于思想道德的修养、性格情操的熏陶,都有积极作用。

　　2.会讲一个故事:如中国崛起功臣录展(立国魂、科学家故事、励学篇等)

　　讲故事,可以锻炼语言表达能力,可以提高思维的条理性,可以锻炼孩子的理解力和记忆力,可以培养孩子的想象力,如为故事虚构景物、人物、声音、情境及气味等。

故事讲得好的人,在日常交往和学习生活中,能够获得成就感,找到自己的优势和自信,能够从容面对生活中、学习上的各种困难。

3.会演奏一项乐器:如口琴、笛子、吉他、钢琴等西洋乐器和琵琶、古筝等民族传统乐器。

演奏能锻炼"敏捷反应"的能力,能锻炼"创作思维"与"形象思维"能力,能锻炼和提高记忆能力,能磨炼毅力与控制自己"良好行为"的能力,能够使性情得到陶冶,能使身心得到健康的发展,能提高眼、耳、口、手、脑协同的工作能力。

4.会一项体育集体项目:如足球、篮球、排球等球类,奥运竞技、民族传统竞技、创新团体竞技等。

这类运动可以增加人与人之间的合作与交流,有助于克服孤独、不合群的心理缺陷,有利于培养团队意识以及集体主义精神,有利于互补、互助、互信,提升与其他成员协调合作的能力。

5.会一项体育单项训练:如跑、跳、投、攀等奥运竞技、极限挑战、民族传统竞技等。

健康的体魄是人赖以生存的基本条件,而自我锻炼和自主选练是健体的基本路径,在持之以恒的常态训练中不断巩固、维持及提高自身运动素质,并以积极的心态、良好的协调能力参与社会生活及建设,才能提高生活品质,为国家、社会、家庭而努力工作。

6.会写三笔字:这里的三笔字,指的是硬笔(如钢笔)、软笔(如毛笔)、其他笔(如电子白板笔)。

字好,习惯就好,学习成绩一定好。字是人的内秀的外显、性格的外表、整体思维的外露。练字,就是养性格、贮耐力、培辨析,持之能使人静心、静处、静思;恒之能想常人之不能想、辨常人之不能辨;善字者,气质涵养自成一色,给人以潜移默化的影响。

7.会一项家政技术:如烹饪、清洁整理、修缮制作等。

家政是人的家庭角色的基本要素,家好,社会才稳定,国家才和谐。美好的家庭生活来源于对家的经营,烧得一手好菜、收纳清理内行、环境美化、妆扮应心,都能让家庭成员心悦安于家、行外系于家、努力为了家。

8.会讲一地方方言:如地方语(如粤话)、民族语(如侗话)。

语言是人与人沟通的桥梁,是表达情感的基础,语言可以起到表情达意、交流思想、消除误会、拉近距离、增进了解的作用。语言是人参与社会活动必不可少的工具,优良的语言素质能有效提高社会事务处理的质量。

9.会一门信息技术:如文案处理、图像处理、编程、数据库运用等。

培养学生学会把信息技术作为获取信息、探索问题、合作讨论、解决问题和构建知识的认知加工与情感交流工具。

未来的社会,是混合型学习的社会,是信息技术广泛应用的社会,是微创新技术不断推陈出新的社会,掌握一定的信息技术,才能久立潮头,不被淘汰。

10.会跳一支舞:如民族舞、集体舞、现代舞、街舞等。

舞蹈是一种修行,不仅能锻炼我们的身体,还能培养我们的气质,悠久的中国传统舞蹈文化和丰富多彩的舞种,可以培养青少年爱国主义感情。

练习舞蹈可使身体器官灵活敏锐,增强思维能力,有益智力发展,可以培养优雅的举止和优美的形体,增强辨别美丑的能力,提高身体素质。舞蹈可以健身,能控制身形,使身体处于良好的健康状态,促进精神活动,使体形匀称。

让幸福成为校园生活的常态
——学校专题培训的探索

习近平总书记在全国教育大会上强调,在党的坚强领导下,全面贯彻党的教育方针,坚持马克思主义指导地位,坚持中国特色社会主义教育发展道路,坚持社会主义办学方向,立足基本国情,遵循教育规律,坚持改革创新,以凝聚人心、完善人格、开发人力、培育人才、造福人民为工作目标,培养德智体美劳全面发展的社会主义建设者和接班人。

陈宝生部长在全国教育工作会议上强调,要用奋进的状态、学习的自觉抓落实。要以马克思主义特别是习近平新时代中国特色社会主义思想为指引,注重学用结合,主动掌握新知识、把握新趋势,养成学在平时、持久推进的学习习惯。

唐咸仅厅长在教育工作会上指出,要落实立德树人,坚持以德为先,牢固树立科学教育质量观。要着眼激发活力,不断推进教育改革创新,深化教育评价,要坚持教师为本,建设高素质、专业化、创新型教师队伍。

幸福是人生的目的和道德标准。教育以人的生活为目的,人的生活以幸福为目的,教育最终以人的幸福为目的。教育从根本意义上来说,就是以人为本,关注人的幸福,培养人的生活能力,培养人感受幸福、创造幸福、享受幸福的能力。

幸福教育就是本着以人发展为目的,通过幸福教育提高教师的职业幸福感,提高学生的学习兴趣、培养学生良好的习惯、教给学生科学有效的方法,为学生终身的发展奠定良好的基础。

一、培训目的

提高师生幸福感,营造尊重、理解、宽容、和谐的幸福校园。

提高师生感知幸福、体验幸福、追求幸福的能力,促进学校和谐健康发展。

提高管理者、全体教师和学生在尊重中创造幸福,在理解中发展幸福,在宽容中持续幸福的能力。

二、培训内容

1.感知幸福:如何提高对幸福感的认知水平;如何营造幸福教育氛围;如何引导师生在比较中发展和感知幸福。

2.体验幸福:如何开展构建和谐幸福校园的实践活动;如何开展促进教师专业化幸福成长的活动;如何开展促进学生幸福成长的教学活动。

3.追求幸福:如何提高生命质量、享受生活、享受事业。

三、培训主题

1.让教师每天都能闪光——基于幸福校园的学校管理

教师是学校教育活动的主角,以教师为中心的学校常规活动,每每体现教师的道德智慧,教师主体作用发展的层次决定着学校常规管理的水平及质量,积极营造利于教师施展才华的环境,科学设计利于教师创新的制度,是学校持续健康发展的根本。

2.让学生喜爱每一节课——基于幸福校园的课堂教学

学生是学校所有工作的落脚点,要把学生乐不乐意、主不主动、有不有效等当作所有工作的出发点,课堂教学是学校生活的主体,以学生为中心的教学活动,应该把学生放在课堂中央,充分地让学生发展自主、互助、悦己、容他的品质,并在此创新体验中获得知识及技能。

3.心向阳光,创享幸福——基于幸福校园的教师心理调适

心若开朗,吃苦中也能悟甘甜;心若阴郁,艳阳高照却暗忧雨。凡事皆有矛盾的两面,如何用辩证唯物观,客观、全面地看待变化,需要教师以正确的价值观去观察、对比、理解和调适,教师应该自觉提高道德修养,不断优化教育教学能力,努力创新,自觉克服职业倦怠。

4.让兴趣特长充分生长——基于幸福校园的素养培植

学校的核心功能是教育,而课程是教学的主要载体,但学科教学并不是教育的全部,应该充分挖掘并发展利于学生素养培养的多元课程及活动,在国家课程、地方课程的基础上,大力整合开发校本课程,让师生在不同的课程体验中培养兴

趣,不断明晰自己的生涯发展规划。

5.在共同信仰中凝聚力量——基于幸福校园的文化建设

学校是有共同理想、价值观的师生共同体组织,师生有无共同的信仰,是衡量学校有无力量的重要标准,应该大力开展以认同为中心的精神共聚活动,以主题实践活动为平台,形成师生和谐、师师共融、家校交融的生活文化,在生荣、家荣、校荣的共建中创造学校价值品牌。

6.横看成岭侧成峰,远近高低各不同——基于幸福校园的评价

教育效益的呈现是多方面的,学科学业考试是最核心的评价,但却不是评价学科学业质量的唯一维度,更不能代表学校教育效益,在衡量维度上,应不断发展以隐性表征变化为维度的评价,如态度、品质、性格等变化。在同一维度的评价上,在坚持结果性评价的基础上,大力发展以在学习过程中的变化值为中心的评价活动。

为了屏幕另一端的求索

——在线教学组织建议

　　学生在家怎样度过？如何实现"在家不停学"？什么样的线上教学方式更适合学生？为保障学生在家学习,教育部提出"充分利用互联网技术",在这个特殊时期,"互联网+教育"远程教学因其突破时空的特性,成为疫情期间代替传统课堂教学,实现人人皆学、处处能学、时时可学的首要途径。建议学校从以下几方面做好准备:

一、做好远程课程规划设计

　　根据学生实际,编排学生远程教学课程表及学生远程学习作息时间表,实现全学科远程教学。居家学习,也要坚持德智体美劳全面发展的教育方针,也要落实立德树人的根本任务,也要最大可能地符合国家课程方案。可根据实际,安排好基础学科学习和德育、美育、体育、劳动教育等方面的课程表和作息时间表。如在德育课程方面采取老师导、学校引的方式,推荐诸如励志电视节目《武汉:我的战"疫"日记》(实况类)、《远方的家》(环保类)、《音乐公开课》(音乐类)等媒体资源,让学生自主选择,主动进行思想品德自我教育和疫情防控技能自我学习。合理有序、规律统一的学习、生活、锻炼安排有助于缓解家长及学生的焦虑和无序情绪,同时也方便家长合理安排与调整孩子的居家学习及作息时间。

二、做好远程课堂组织落实

　　各个学科教研组应统一行动,制定好本学科远程教学计划及学科老师线上答疑时间安排表,强化课程资源的供给共享,如微课片段、习题的统一设计制作及推送,老师应以备课组为整体,提前录制好统一的一周教学微课片段,以单页单点知识的任务串的形式上传至网络学习空间,老师按作息时间表上线答疑,学生可在线下于答疑时间前自主按任务串进行学习,学习时间自定、学习科目自排、学习进度自取、学习难度自选,让学生根据自身实际自主决定自己的学习课表,在学校安排的学科老师线上答疑时间前完成自学任务即可;老师可提前推送涵盖德、智、体、美、劳各方面、各学科的学习辅助信息资源(如学习方法指导、拓展学习资料、阅读材料、心理调适资料)供学生参考、学习;学生可结合家庭生活实际,或连续、或间断、或重复多次地进行自主学习和复习。对远程学习不易或不能解决的问题,一方面可寻求老师的个别远程辅导,另一方面也可待学校正式开学后,由老师再重新组织这些内容的学习。

班主任和任课教师按照年级提供的在线答疑课程表和作息时间与家长、学生保持联系,每天可通过电访、微信群、QQ 群指导,督促学生学习,适时进行心理同步调适,促进学生们在家中自主学习质量的提升。

三、做好远程教学督导保障机制,确保质量

学校统筹在做好课程资源、技术平台、教学技术工具供给的同时,还可通过在线教育教学教研,加强教师远程教学技术应用的培训和指导,以保障每位教师在新教学环境下,能够顺利地指导学生居家远程学习。

学校教研部门加强对教师远程教学环节的指导,并督查好每天教与学的质量效益,如备课组长每天要检查组员是否按时完成教学设计、微课片段制作和作业线下批改及点评;督促教师及时掌握学情,按学生需要推送配套学习资源,指导各位老师、班主任利用班级群或网络互动平台,及时检查了解学生练习、作业完成情况,并有针对性地进行集体辅导和个别指导;建议班主任每天有意识地组织学生通过作品展示、录音、视频等多种方式分享居家学习心得、成长趣事,让学生在家依然能感受到身处集体之中,真正做到"隔而不离";学校督导部门可通过电话、微信、QQ 等连线方式,随机或有针对性地与家长、学生、学科教师互动交流,多方面了解课程计划的执行、远程教学的反馈和教师作业辅导答疑的进行等情况。学校要充分调动各方面合力,督促教师切实负起责任、恪尽职守,创造性地开展工作,把"停课不停学"工作落到实处。

四、做好面向不同群体的引导和保障

信息技术在教学中的应用并不陌生,但由在线学习替代线下学习的经验却并不多。因此,有必要对教师、学生和家长提供必要的科学引导。遴选合规的免费教学资源,如教育部、广西壮族自治区教育厅、柳州市教育局推荐的相关教学资源:国家网络云课堂、自治区教育厅"空中课堂"专用频道、柳州市教育资源公共服务平台和其他在线教育信息化平台,指导各学科慎重选择及使用。建议有条件的学生和家长可以利用线上课程资源进行合理的学习。老师们的远程教学劳动,学校要在设施设备、待遇及资金方面给予充足保障。

"停课不停教"的德育成长

——远程德育教育思考

为阻断疫情向校园蔓延,确保师生生命安全和身体健康,国家教育部已正式下发延迟开学的通告。作为学校的德育部门,我们该如何贯彻落实新冠肺炎疫情期间学生居家"停课不停学、不停教"的总体要求,引导学生不负时光,让孩子做到"宅"而不"荒"呢?

疫情虽突如其来,但是用正确的心态和科学的行动就能把灾难和假期转变成让学生成长的好机会。在延期开学期间,我们可以坚持"五育并举,德育为先"的教育思想,在进行传统美德教育和文化知识教育的同时,拓展德育阵地、增添德育渠道、丰富德育形式、扩充德育内容。在"互联网+"大数据的背景下,运用媒体资源、身边的教育资源和家长资源,做如下尝试:

一、立足用资源,结合当下,挑选并推荐多媒体素材,在学生感观中立德

书本知识固然重要,然而,对于未来的栋梁之材而言,独立思考的能力、真挚的同理心、表达关怀的意愿和能力以及对社会责任的担当,这些素养更应该是重中之重。学校可以立足于电视和主流媒体的现有资源,组织学科老师精心筛选,将国家课程学习与疫情防控知识学习、生命教育、公共安全教育和心理健康教育相结合,推荐符合学生身心特点和接受水平的资源素材,适时通过学校平台推荐给学生,让学生通过观看视频、分析素材、组织交流等活动拓展视野,增强自己爱党、爱国、爱人民的社会主义思想情感,在家国情怀的思考中立德。

二、立足联资源,结合家校,组织家长志愿者为学生做示范,让学生在解惑中明德

当整个社会凝聚在一起共同与疫情做抗争时,若孩子们一味埋头苦学,又怎能了解到疫情中展露的众生百态,体会到人生百味呢? 因此,学校可以动员和组织在医护工作岗位、公安系统、以及在社区工作的防疫一线的家长,录制在一线抗击疫情的系列微课,通过家长课堂给孩子们讲述国家的联防联控、疫情的日常生活防护、一线工作者舍小家为大家的感动故事等,让孩子深切体会"责任"二字的重量,体悟国家制度的优越、中华民族的凝心聚力,培养学生对生活及自然的敬畏、对社会秩序及公德的敬重,对战斗一线、奋勇奉献的医护人员及各条战线的工作者们的敬仰与感恩之情。

三、立足学生主体体验,设计生活德育作业,让学生在做与思中悟德

面对史上最长的一个假期,应该发挥好家庭的引导作用,指导孩子度过这段时光。我们可以系统设计生活德育作业,如设计"关注国家大事我能""劳动砺心志我行""经典阅读我会""锻炼健身我做"等内容,通过家庭共看新闻、家庭共做家务、家庭共读书、家庭共防疫、家庭共思论等实实在在的生活行动,让孩子学会从时事中获取信息资料并加以思考,形成自己独立思考问题、解决问题的思维方式,同时可以适时地锻炼孩子的独立生活能力,增强孩子的责任心。通过言传身教,给予孩子好的影响,增强学生的家庭责任意识。

四、立足学生情感共融,设计分享活动作业,让学生在互相感动中宏德

让学生根据自己的所看、所思、所想,写出自己心得体会,记录下让自己感动的事例瞬间,编成美篇等易于交流的范本,推送到班级群和相关平台,与全体同学共同分享,通过正能量的宣传、宣展,启发学生思考本次疫情带来的启示,思考生活带给我们的成长,帮助学生正确树立公民意识、利他思维,懂得为国立志,增强集体主义意识及爱国情怀,从而促进学生在向善向上的经历中持续成长。

附件1：柳州市前茅中学假期励志电视节目推荐（一）

柳州市前茅中学假期励志电视节目推荐一览					
时间	节目名称	融合学科	内容	观看途径	效果
每周一21:20情景篇；每周五、周六21:20分享篇	《故事中国》	历史	《故事中国》每期讲述一个中国人或是在中国发生的震撼故事。	贵州卫视	在演播室情景还原讲述、实景模拟讲述以及故事真实影像之间形成无痕的空间转换关系，给观众还原一个最真实的情景体验。
每周日19:30	《国家宝藏》	历史	国家宝藏是一款大型文博探索节目，通过对一件件文物的梳理与总结，演绎文物背后的故事与历史。	CCTV3	努力将传统文化与当代文化结合起来，努力实现传统文化的现代性转化。节目让观众感受到了"一眼千年"中日日流淌、从未褪色的文化自信。
每周六19:00	中国地名大会	地理	《中国地名大会》是中央广播电视总台制作的中国首档大型地名文化类节目，旨在弘扬民族文化、提升民族自豪感。	CCTV4	以地名知识为载体，从地理、历史、语言、文学、民俗等各个角度全方位展现中华大地的万千风貌。
每日14:48	朗读者	语文	以个人成长、情感体验、背景故事与传世佳作相结合的方式，选用精美的文字，用最平实的情感读出文字背后的价值。	CCTV3	实现文化感染人、鼓舞人、教育人的传导作用，展现有血有肉的真实人物情感。
每日17:34	地理中国	地理	地理中国以普及地理学知识为宗旨，展示我国丰富多彩的地质资源和地貌景观。	CCTV10	传播科学知识，倡导热爱自然、珍惜自然，弘扬科学精神，激发爱国之情，传播人与自然和谐共生、相互依存的理念。

续表

			柳州市前茅中学假期励志电视节目推荐一览		
时间	节目名称	融合学科	内容	观看途径	效果
每日 18:04	魅力万象	自然	主要播放社会类、人文类纪录片，用真实、立体的人文视角，网罗天下万象，探寻世界多元文化与历史的奥秘。	CCTV9	
2020.1.24—2.2晚 19:20	楹联里的中国	语文	楹联是对联的雅称，是中国文学艺术的集大成体现，也是普通民众喜闻乐见的一种民俗。	CCTV9	解读千年来流传的巧对妙联，寻访现实中各种有特色的对联，和由对联引出的中国故事。
每周一 21:20	美丽中国	美育课程	《美丽中国》源于党的十八大报告提出的"美丽中国"概念。节目形式主要以展示中国的方方面面为主，如民间文艺、舞蹈、音乐、美术、书法、杂技、电视、电影、戏剧、曲艺、绘画等各个领域的内容。展示中国的、各地的、各民族的灿烂文化遗产。	江苏卫视	引领观众体验和领悟自然和人文景观的丰富内涵。在世界范围内更好地展示中国最精华的民族瑰宝。为世界展示一个最美丽的中国。
每周六 22:40	军事科技	综合	军事科技是中央电视台第七套节目中唯一一档以介绍军事科普知识和先进武器装备为主的电视军事栏目。	CCTV7	以专业的兴趣点和鲜活的细节为观众展示现代军事科学技术和武器装备的变革。启发广大青少年关心国防、热爱军事、勇于探索的精神。

柳州市前茅中学假期励志电视节目推荐一览					
时间	节目名称	融合学科	内容	观看途径	效果
每周三晚 21:20	大国重器	历史	《大国重器》是一部由中央电视台财经频道制作的高清纪录片，展现中国装备制造业的成就，讲述充满中国智慧的机器制造故事。	CCTV2	启发广大青少年关心国防、热爱军事、热爱历史、勇于探索的精神。
2月10日20:00	感动中国人物颁奖	综合	《感动中国》是中央电视台综合频道打造的一个精神品牌栏目，由中央电视台新闻中心社会专题部活动直播组承办，每年元宵节前后推出，已经连续举办多年。	CCTV1	通过多种投票方式选取年度震撼人心、令人感动的人物和团队，成为孩子们的励志榜样。
每周日17:54	讲武堂	历史	以"纵览古今中外，揭秘战史军史；把握时代脉搏，解读前沿动态；重温英雄史诗，传承红色血脉"为主旨，是一档"追溯大军史，聚焦大国防"的军事历史专题栏目。	CCTV7	以热点时事为切入点，从历史纵深处解读热点话题，邀请身份不同的嘉宾，从不同角度重读历史。
每日21:00	寰宇视野	生物	主要播放海外引进纪录片，汇聚全球顶尖的纪录片精品，带领观众踏上寰宇之旅。	CCTV9	

附件2:家长授课目录

时间	内容
2020年1月23日	抗击疫情,我们在行动
2020年1月25日	一场疫情,让我们懂得
2020年1月28日	当谣言满地,我们该如何甄别
2020年2月2日	保持心理健康,克服心理恐惧
2020年2月4日	抗击疫情,人人有责
2020年2月6日	病毒来袭,怎样增强免疫力
2020年2月8日	面对疫情,居家防护小知识
2020年2月11日	用写作表达"我从疫情学到的事"

附件3:柳州市前茅中学寒假德育作业

目录:

1.了解小年、春节、元宵节等习俗对联的来由,尝试写一副对联。

2.设计一幅有创意的图案、手工或窗花。

3.与家长共读一本书并分享读书心得。

4.制作贺卡并写上祝福,给家人、老师、同学送祝福。

5.最少帮家里打扫一次卫生。

6.与伙伴或父母一同锻炼。

7.家长陪孩子看新闻,引导孩子关心国家大事,感受祖国的美好。

8.为预防新冠病毒做力所能及的事。

9.写写预防新冠病毒期间的见闻、感动事迹。

班级:_____　　　学生姓名:_____

柳州市前茅中学假期德育作业卡

主题		时间	
我的行动			
我的感悟			
父母留言			
学生签字:　　　　　家长签字:			
要求:形式不受限制,拍照并写200字左右的体会。			

柳州市前茅中学政教处

131

学校办学思想的凝聚
——前茅中学办学思想思考

马克思曾慨叹,法兰西不缺少有智慧的人,但缺少有骨气的人。今天的学校,同样不缺少有智慧的人,但缺少有教育信仰的人。因此,历史赋予我们的教育责任"坚守初心,为国育才"才格外珍贵。选择坚守、选择理想、选择倾听内心的呼唤,才能拥有最饱满的教育人生。

梁漱溟先生写过一本书——《这个世界会好吗?》,它以朴素的设问提出了人生的大问题。就我们的坚守与选择,同问:这个学校会好吗? 事在人为,未来前茅中学的分量和质量,就掌握在各位的手上。

你所站立的地方,就是你的学校;你怎么样,学校便怎么样;你是什么,学校便是什么;你有成绩,学校便会优秀;你有信仰,学校便有力量。

【指导思想】以习近平新时代特色社会主义理论为指引,全面贯彻党的教育方针,争做"四有好师生"。

四有好学生:有理想、有道德、有文化、有纪律

四有好老师:有理想信念、有道德情操、有扎实学识、有仁爱之心

【育人愿景】师生有信仰　学校有力量

信仰:善上·以至前茅

力量:品行至善·能力至上

【育人理念】【教风】善上·以至前茅

把教师放在课程中央

教学优先

教学第一(课堂四整理、先研后上、一课四备、解讲找猜题)

【育人目标】【学风】品行至善·能力至上

把学生放在课堂中央

学习优先

学习第一(课堂四整理、先记后练、遇错重练、周月再练)

【育人路径】【校风】厚德励学　同创共进

把师生放在学校中央

师生优先

师生第一(首遇首理、立问立理、无商待理、独断禁理)

【核心表述】【校训】在创善竞上的劳动中铸造前茅英才(凡事必评、逢事必竞)

【育人课程】"启潜育前"课程

课程目标:德美向善　智体向上　劳实向前

课程设计:国标课程校本化(质量渐上课程:晨诵午背晚默、周测月评)、地方课程特色化(三爱实践课程:爱家爱国爱世界)、校本课程个性化(启潜育前20能课程)

课程实施:"双微"教学(教思微改良、学思微改进)

课程路径:善上经历

初一:善上塑聚计划(塑形聚神,建立具有前中"善上·以至前茅"特点的行为及教学规范,凝聚具有前中"师生有信仰,学校有力量"特点的学校精神,形成"厚德励学""同创共进"的前中人必备品格)

初二:善上登攀计划(登优攀秀,以具有前中"善法博研"的"双微"教学,推进具有前中"勤思敏行"的"三爱"行动,形成"德品向善""智体向上"的前中人核心素养)

初三:善上领前计划(领行前学,以具有前中"育心向善""助行向上"的教师文化,引领具有前中"言行高雅""生活优雅"的学生文化,形成具有前中"学高为师""身正为范"的校园文化)

教育更应是这样:期望学生是什么,只要坚持,他们便是你所期望的那样。同理,学校便成了我们期望的那样:有信仰、有干劲、有毅力、有质量! 教师有了更高的新的期望:有爱情、有心情、有亲情、有友情!

行动研究

行动研究1：教师每日工作流程及规范要求

行有目的、做有标准，过有规律的生活，做每天相对稳定、一致少变的模式化工作。

第一部分　参与式活动

1.请你独立思考：每天常规工作有哪些？（尽可能多地罗列）

2.组内发言及记录：逐一发言并记录。

3.组内讨论：如何把控每天工作质量？逐一发言并记录。

4.组内讨论：本学科组的结论是什么？

5.组际结论展示：每组发言，展示讨论成果。

第二部分　参悟推荐

1.把握作息时间及关键节点。

2.每天读一篇教育文。

3.每天发一条班级群短信。

4.每天备一节课。

5.每天写、收、改、发、评作业。

6.每天听一节课。

7.每天找、解一道中考题。

8.每天写教后小思。

9.每天跑2圈(或疾走5000步)。

10.每天找1—2名学生了解生活学习情况。

11.每天到其他办公室交流工作15分钟。

行动研究2:教师师能(侧重解题及讲题)的自我提升要求

学生行,教师一定行,故曰:"好生源成就好老师";学生不行,教师更要行,故曰:"生源差更能成就好老师"。

第一部分　参与式活动

1.请你独立思考:好老师的标准有哪些?（尽可能多地罗列）

2.组内发言及记录:逐一发言并记录。

3.组内讨论:如何提升找、解、讲、猜题能力？逐一发言并记录。

4.组内讨论:本学科组的结论是什么?

5.组际结论展示:每组发言,展示讨论成果。

第二部分　参悟推荐

1.每天做课本配套的练习题(红笔,眉批)。

2.每天做布置给学生的作业的解题示范(红笔,粘贴于教室后的学习园地)。

3.每天制作典型例题解题过程演示微片段。

4.每天收集、展示学生的优秀作业。

5.每周做几道中考把关题。

6.每周整理一份知识综合巩固题(错题+拓展)。

7.每月整理单元培优及补差题。

8.每月整理教学例题演示微片段。

9.周测月考卷标准解题卷面示范展示。

10.每学期整理题库。

行动研究3:课堂教学的基本流程及把控

教得自豪,学得愉快;教有业绩,学有成绩。

第一部分　参与式活动

1.请你独立思考:课堂教学的基本流程什么?(尽可能多地罗列)

2.组内发言及记录:逐一发言并记录。

3.组内讨论:如何把控教学流程?逐一发言并记录。

4.组内讨论:本学科组的结论是什么?

5.组际结论展示:每组发言,展示讨论成果。

第二部分　参悟推荐

1.在预备铃响起前到达教室门口。

2.检视容装,表情轻松走上讲台。

3.环视观察,指导学生进行"四整理"。

4.做好师生问好的仪式。

5.拟一个吸引学生眼球或引导学生深思的开场。

6.给予学生充分、安静、独立的自学尝试。

7.设计可让学生充分展示和发言的活动。

8.教师录、放、讲(知识讲解、例题演示、方法技能归纳)。

9.抛出一个能引发讨论的议题。

10.给予学生充分的分组学习讨论辩论(辨析)时间。

11.布置达标性练习题。

12.给予明晰的课堂小结。

13.抛出具有挑战性的拓展问题。

14.布置体现质量要求的课后任务(巩固作业和拓展思考)。

行动研究4:师家良好关系的基本建构及培植

要想学生好,家长先做好教师也应维护好与家长间的关系。

第一部分　参与式活动

1.请你独立思考:影响师家关系的因素什么?(尽可能多地罗列)

2.组内发言及记录:逐一发言并记录。

3.组内讨论:如何搞好师家关系?逐一发言并记录。

4.组内讨论:本学科组的结论是什么?

5.组际结论展示:每组发言,展示讨论成果。

第二部分 参悟推荐

1.每天在班群综述教学及班级情况(上课内容、开展的活动、学生掌握及表现情况)。

2.每天在班群展示作业完成情况。

3.有计划地安排每学期与每个学生家长电话沟通一次。

4.有计划地集中家访,每年遍访一次(包括市域外)。

5.有计划地开展亲子共联社会实践活动。

6.想一个本学科本班级独有的、学生喜爱的活动或教学。

7.用好家长资源,开好家长课堂,办好家委会。

8.创造条件,适当参与家长的社会活动。

9.设计开好家班共建协调会(每学期两次)。

10.做好班级"家长进校开放周"活动。

行动研究5:师生良好关系的基本建构及培植

如果你觉得你的学生不好,你就想办法使他向好。

第一部分 参与式活动

1.请你独立思考:影响师生关系的因素什么?(尽可能多地罗列)

2.组内发言及记录:逐一发言并记录。

3.组内讨论:如何搞好师生关系?逐一发言并记录。

4.组内讨论:本学科组的结论是什么?

5.组际结论展示:每组发言,展示讨论成果。

第二部分 参悟推荐

1.待生如邻为法,待生如亲为道,待生如己为善,师生平等为上。

2.有互相认同的价值,观点能够逐步趋同。

3.有互相遵守的规则,行为能够整齐划一。

4.有互相促进的帮衬,律己与束他并重。

5.有互相妥协的包容,求同与存异并存。

6.有互相骄傲的成绩,互相成就与欣赏。

行动研究6:师师良好关系的基本建构及培植

同创才能共进,利他才能就己,美人之美才能美美与共,天下才能大同。

第一部分 参与式活动

1.请你独立思考:影响师师关系的因素什么?(尽可能多地罗列)

2.组内发言及记录:逐一发言并记录。

3.组内讨论:如何搞好师师关系?逐一发言并记录。

4.组内讨论:本学科组的结论是什么?

5.组际结论展示:每组发言,展示讨论成果。

第二部分 参悟推荐

1.班主任、教备组长每日要到科任老师的课堂观摩一次。

2.班主任、教备组长定期举行科任教师集体活动。

3.备课组长开展好"文三理四"集备活动。

4.班主任定期开展好班级工作研商活动。

5.讲话少用命令式,多用协商式。

6.没事常走动,鼓励办公室之间互相交流。

7.互相维护,杜绝背后诋毁他人,禁止在学生、家长面前讨论其他老师的不足。

8.多在班级群中和外人面前互相鼓励。

9.遇事互补台,多揽责,少指责。

10.处理班务、组务、学务要事前多商多想,避免强硬推进、走样执行。

行动研究7:学科集体备课活动的基本要素及环节

第一部分　参与式活动

1.请你独立思考:集体备课备什么?（尽可能多地罗列）

2.组内发言及记录:逐一发言并记录。

3.组内讨论:集体备课如何开展? 逐一发言并记录。

4.组内讨论:本学科组的结论是什么?

5.组际结论展示:每组发言,展示讨论成果

第二部分　参悟推荐

1.集体活动要做到:我知直至众知

无论是备课组长,还是普通组员,都要把集体摆在第一位。备课组长要熟知每一位组员的情况,当好领头人;组员要认同组长的管理,做好执行。每个组织成员都能"我要把我想到的,及时而真实地告诉大家"。集备活动要以议课为基本形式,以单元式研课为基本载体。（一课四集备:一备结构设计;二备内容(例题、习题选择);三备活动设计;四备课堂组织）

2.课前思课要做到:有我直至无我

上课前的独立备课,要多思考"我想怎么上",而不是克隆教参、眷抄教案,此谓"有我";要多思考"学生会出现什么问题",既要做好学生"全答对全举手"的应变,也要做好学生"不会答不举手"的应变,还要做好学生"走神行懒"的应变,此谓"无我"。独立备课要做"微片段"课件。（一微:基本知识讲解;二微:典型例题分析;三微:解题过程分步演示;四微:拓展或一般性思维方式归纳）

3.课例听课要做到:我得直至众得

有听才有得,作为备课组长,要当仁不让地要求组员听自己的常态课,对新入职的教师,更要创造条件让他们"先听课、后上课",还要大胆且谦虚地请其他组员听自己的课。无经验者要积极践行"见多识才广",有经验者要谦虚力行"集思议才广"。课例听课有两种形式,其一是备课组统一,根据"一课四集备"开展"一课四研议听评课";其二是师徒结对,互相错时听课,实现先听后上、先议后上。鼓励跨学科、跨年级听课。

4.课后议课要做到:我改直至众改

有议才有获,以"今天我可以学到什么"作为课后的思考出发点,看出别人的不足固然重要,欣赏别人的闪光,更难能可贵且稍纵即逝。既要有随想随记的习惯,还要有每日整理及反思的习惯。有改才有质,以"明天我可以尝试什么"作为下一次课的改进出发点,把好的做法迅速地渗透到自己的课中,从日日渐进走向日日精进。

行动研究 8:学科培优补差的基本策略及要求

功夫在平时,拔尖在课后;平时不认真,下滑就发生。

第一部分　参与式活动

1.请你独立思考:优生与差生的区别有哪些?（尽可能多地罗列）

2.组内发言及记录:逐一发言并记录。

3.组内讨论:如何进行培优及补差? 逐一发言并记录。

4.组内讨论:本学科组的结论是什么?

5.组际结论展示:每组发言,展示讨论成果。

第二部分　参悟推荐

1.补差主阵地在课堂,培优主阵地在课后。

2.补差补习惯,培优培思维。

3.补差着重盯,培优着重引。

4.补差强记背,培优促综合。

5.补差重反复,培优提难度。

6.补差忌自卑,培优忌盲从。

7.补差忌对立,培优忌无序。

8.补差辅心理,培优励超前。

9.补差日日做,培优周周行。

10.补差说服家长配合,培优需要家长支持。

行动研究9:周测月评的试题编制基本方法

有目的性地考试,才能有方向地改进;有针对性地考试,才能有质量地提升。

第一部分 参与式活动

1.请你独立思考:影响试卷质量的因素有哪些?（尽可能多地罗列）

2.组内发言及记录:逐一发言并记录。

3.组内讨论:如何把控试题质量? 逐一发言并记录。

4.组内讨论:本学科组的结论是什么?

5.组际结论展示:每组发言,展示讨论成果。

第二部分 参悟推荐

1.错题重考。

2.考点必考。

3.周测侧重基础达成(单点知识,平时练过)。

4.月评侧重综合应用(多点知识,贴近中考)。

5.班级学科多做分块小测验(如单词默写、百题速算等)。

6.多布置课后每日一测。

7.周测要立足"学好才考",多做考前模拟练。

8.月评要立足"分类合考",学生自选 A、B、C 类,逐级递增,过 A 才能考 B,过 B 才能考 C。

9.适当地组织开卷考。

10.试卷应取得全组共识。

行动研究10:作业布置、批改与讲评的要素

15%的课堂+60%的作业+15%的讲评+10%的个别辅导=100%的成绩

第一部分 参与式活动

1.请你独立思考:作业如何布置、批改和讲评?（尽可能多地罗列）

2.组内发言及记录:逐一发言并记录。

3.组内讨论:如何把控作业质量? 逐一发言并记录。

4.组内讨论:本学科组的结论是什么?

5.组际结论展示:每组发言,展示讨论成果。

第二部分 参悟推荐

1.先布置与课堂例题一致的重复题。

2.多布置与课堂练习一致的相似题。

3.精选与考试标准一致的中考原题。

4.适当布置难度高于中考的竞赛题。

5.当天收、当天改、当天发,当天在班级学习栏粘贴、展示、示范解题过程及格式,让学生自行对正纠错并把错题重做,当天挤出时间讲评或第二天先讲评后上课。

6.要有作业情况登记本,指导科代表把未交作业的学生名单登记好,老师要把学生答题简要情况记录好。

7.按正确率高低有侧重地讲评,多用鼓励性词语,杜绝埋怨、挖苦,甚至斥责,就题讲题,不说废话。

8.多展示做得好的学生范本,禁止展示劣文,每天在班级群分享及指导、提醒。

关于学校干部的任用

近日,在安排教师听课学习的过程中,一名主管教学的干部以"听不懂语文"为由中途离开了会场,这种现象值得思考:

学校管理干部,特别是主管业务的教务、政教、科研干部,在学校实行管理中,该如何面对这种"跨科盲区"?在我们选拔任用干部时,如何才能克服这种或类似的"盲区"?

管理干部和一般教师是有所区别的,一般选拔干部的标准是"教学优则仕",但其评判标准只局限于本学科,而其对其余学科的驾驭能力是很少或很难展现的,在选拔干部的时候是容易被忽略的。但其任职管理干部以后,所承担的并不是其精通学科的本位教学,而是要引领教师共同教好学生,体现的是他的组织及跨科综合能力。有时候我们老抱怨一些干部"做教师不错啊,担当干部怎么就不行了?",其原因正是我们在"聘"和"用"问题上的不一致。

要解决这一问题,我认为,学校干部必须基本具备"三才",即"通才""懂才""用才",才能保证其管理行为的基本顺畅。

其一为"通才",作为干部或后备干部,应立志于管理的全方面锻造。就学校而言,要知晓各学科的教学基本模型及特点、班级管理基本常态、科研的基本过程、人事及财经的基本流程、基本党务活动等,应列进其岗前培训内容中。为让干部各方面都能发展,还应该定期进行干部岗位轮换,以增强其对不同岗位的适应性。有条件的还可实行挂职锻炼,以增强其宏观运行意识及能力。

其二为"懂才",作为学校干部,特别是中层职能干部,要具有一双"慧眼",要立志做"伯乐型"的管理发现者。在日常工作发现教师亮点,量才而用,展其长处,隐其短处,把适合的人用在合适的岗位。而这种"懂才"的能力需要干部到教师中间去近身观察、追踪分析、有意磨炼;需要干部设置情景平台,让有潜质的教师能进行自我展示；需要干部慎言慎行、善言善辩、从正反两方面思考问题，让那些"偏于一隅"的优质人才脱颖而出。

其三为"用才"，作为学校干部，要做"放风筝"的高手，既要放权使其舒展，也要限权让其履程；既要信权使其坚决，也要评权使其公正。需要干部会"分权"，应知晓自己分管或主持工作的职权分级划分，并能让所有受管对象知晓；需要干部会"控权"，当受管对象在预设范围内时要"松线"，当其越出或接近预设边缘时要"紧线"；需要干部会"补权"，我们的管理要尽量避免单链结构，损一环而毁全链，应在管理的重要环节设置"并联"结构，缺一路而不损丝毫。

在当今极力提倡"班主任专业化""教学专业化""校长专业化"的背景下，管理也应尝试"管理专业化"，对学校一般性事务进行大排理，排出主干，理出流程，对学校规范办学、规律管理非常重要。

常规三解

义务教育学校都在精心组织、真抓实干,认真落实《义务教育学校常规管理标准》,自觉排查和解决阻碍学校科学、可持续发展的问题,各校的内涵发展均有提速,有效地促进了区域内各学校的均衡发展。不少学校在此基础上还建立了常规管理的长效机制,学校呈现出管理规范、效能持续、质量稳中有升、社会和家长认同的和谐局面。

然而,在创建"优质均衡"名片的活动过程中,还存在着少许认识不透、研读不细、了解不深、思路不清、重点不明、跟进不力的现象,有必要重新解读"常规管理"要旨。

其一,"常规管理"关键在管理,特别是日常的管理,我们的关注点应在管理的过程,"后六"中学的经验告诉我们:所有成功学校的成功,皆因其过程抓实、抓严、抓细。

一所学校的管理,从对象来划分,无外乎人的管理、物的管理、事的管理。

人的管理又可分为干部队伍管理、教师队伍管理、学生队伍管理。三种管理要齐头并进、互相支撑。应使它们形成一个体系,不仅明了"管什么",还要知晓"怎么管",更要时时、处处思考"管得如何"。人的管理的实质就是要体现"执行力"及"达成力"。

物的管理的最具体的体现就是学校"硬环境"的管理,"地洁物净"是最基本的要求,是所有学校最容易、最应该做到的。但也不要弱化它的"育人"功能,"物尽其用"的最好体现莫过于赋予它"灵气",让它成为校园中无声胜有声的老师,小到一本书的摆放,大到校园文化的经营、校舍规划设计布置,无不在彰显一个学校的气质,体现一个学校的内涵。而这种"软环境"的管理更能显现一个学校的风格、个性及特色,它应成为一个当前乃至长期的各校经营的重点。

事的管理是学校中最为频繁、最为基础、最为琐碎的，它的好坏，直接关系到一个学校的办学质量，从制度到计划、到过程、到评估，很能体现管理者的综合素质，学校是通过各种各样的活动，也就是所谓的"事"来渗透对学生的教育的，对各种"事"的管理科学与否、公正与否、有效与否、认同与否、可持续与否会影响一个学校的生存与发展。它是一个学校的"生命力工程"，应尽力做到"事无巨细都落实""事无缓急皆重果"，体现"事事关心""事事上心""事事细心"，从而"事事有效果"。

其二，"常规管理"重心在常规，"后六"中学的精细化管理，更确切地说，应该是精准化管理，给予我们的启示是：不仅应该知道怎么干，更应研究如何干好。即想足、做细、达准。

首先，"常规"可理解为"日常的规则"。这种规则应涵盖学校所有的行为及活动，大到学校的办学理念、治校方针的确定，小到每日考勤，细到每件事的程序，都应仔细思量、精心谋划、准确实施。各项规章制度应整合成为一个体系，这也是当前各校最需要认真研究的。在不少学校中，管理制度的建立是依托各中层职能部门根据分管工作实际一项项拟订出来的，随着时间的推移及事务种类的叠加和更新，这种小制度越来越多，难免出现不连续、不全面、不有效等诸多诟病，需要我们定期对它们进行整理、整合、更新，就具体操作而言，可以三年（初中）、五年（小学）为阶段，对学校制度体系进行大修，全校教职工都参与，教师代表大会或全校教职工大会要通过，以每年为阶段做中修，各分管副校长牵头，中层部门为主体，学校行政备案并通过，以每学期为阶段做小修，各中层部门为主体，及时吸纳一线教职工的意见和建议，部门备案并通过。学校规则体系的效能评判，可以通过"以制度管理事"和"以人管事"在学校事务处理中的比重来进行。

其次，"常规"可理解为"日常的规范"。学校的"日常行为管理"应精准到位，规范且有规律可循。从早上的早读开始到下午放学，什么时间做什么事、怎样做、谁指导、谁检查、谁反馈、谁整改、谁督促，分月确定工作主题，分周分解工作内容，落实每天工作常规，明确每节课、每时间段工作要求。

然而，对"有效活动""有效课间""有效谈心""有效课间操""有效作业""有效自习""有效劳动"等等，我们的思考是不足的，这些关系到学生身心健康成长的要素，或多或少被我们所谓的"重点工作""中心工作"弱化了，学校内涵发展和均衡发展离不开事关学生发展的各类活动的保质、保量、均衡开展。

作为学校管理者,应明确自己每天做什么,应在到校之前思考今天做几件事、分别是什么时间做、每件事打算怎么做。比如:什么时间巡视校园,巡什么、怎么巡;什么时间进课堂,听什么课、重点听什么;什么时间找老师谈心,谈什么、怎么谈,等等。

同理,作为教师、班主任,更应知道自己每天该做什么,才能指导和帮助学生明确自己每天该做什么,学生才谈得上主体发展、自主管理。

学校可根据自身实际,分时期、分阶段确定学校各级各类人员的日常规工作、周常规工作、月常规工作等等,并明确各项要求,落实各项检查及保障措施。使每人都明确事、会做事、做成事。常规工作常规管,逐步体现对象清楚、流程清楚、效果清楚。

其三,"常规管理"核心在坚持。《义务教育学校常规管理标准》是各学校开展学校常规化管理的重要依据,它规定了各级义务教育学校在日常管理中必须完成的工作,这是规定任务,必须坚持不懈、持之以恒。各校要进一步建立健全与之相应的长效机制,并在此基础上,充分发挥各校优势,推进学校特色发展,创建学校教育教学活动品牌。

前中师能设计

1.以考试为核心的编、解、讲题能力

编题:一是要有与中考题型高度吻合的全类型资源;二是要有熟悉近五年中考题的功底;三是要有自己固定的参考网页网站;四是要有自己搜集并逐渐积累的题库。

解题:一是要能一题多解(思路不唯一);二是要能解中考把关题(每周一题);三是要能板书展示标准的解题过程(格式范例);四是要能先学生之做而做。

讲题:一是要讲清怎么解;二是要讲清为什么这样解;三是要讲清如何举一反三;四是要讲清书写格式(按中考评分标准)。

2.以在线为核心的微课制作能力

熟悉以 PPT 为基础的微文演制作;熟悉以实物投影为基础的微视频制作;熟悉以微信、QQ 为基础的传播及反馈手段;熟悉以"三通两平台"为基础的网络空间教与学应用。

3.以达成为核心的质量监测能力

有实现基础题人人过关的每课检测及巩固;有实现拓展题日日为功的每日提升及巩固;有实现双基固化、周周能清的每周反馈及巩固;有实现技能迁移、月月能结的阶段测评及巩固。

4.以促进为核心的课堂调控能力

有永保微笑的应急定力,勇于从容地直面一切;有永保赞美的容错耐力,善于在表扬中指出错误不足;有永保示范的标杆垂范,敏在观察中纠偏树正暗引;有永保成功的质量底线,勤在补授中重解再析又测。

5.以融洽为核心的课外协调能力

有师师互衬的团队行为,会请师帮己;有师生互动的活动行为,会悦生向己;有师家互联的沟通行为,会联家托己;有师社互助的参与行为,会借社衬己。

学校整体改进探索

学校工作的核心是学生工作,学生工作的实施载体是教师工作,教师工作的质量保障是管理工作,管理工作的执行改善标志是工作作风。

从某种程度意义上说,工作作风就是工作理念,一个人的工作理念总会在其工作中,通过工作风格、习惯、思路得以体现。被管理者往往通过以上标志来判断并决定着自己是否应该采用、服从、接受并认真实施,积极创新、提出建议等。而这种判别依据,往往会以被管理者与管理者的工作愿景是否一致或类似相关联。当前,学校管理系统是单线单向结构的,管理指针总是由管理者指向执行者再指向被执行者,由被管理者主动进行上级意图甄别的动作被无意放大,而管理者主动判别下属意愿的动作被潜意识弱化,这种不平衡正是由于管理指针的缺陷导致缺失了有效沟通。差异性愿景的优势存在,影响了共同愿景构建的时机及时效,逐渐积累,就可能出现执行走样、效果偏移、人心动摇、协调支持不力等工作被动现象。不妨下这样一个结论:学校管理质量依附于工作作风,而工作作风又依附于工作愿景,从物理学的角度看,合力最大就是要方向一致且着力点相同。因此,共同愿景的构建就是要追求认同工作理念、认同工作方向、认同工作重点、认同工作措施、认同工作实施、认同工作效果的"六同"局面。

基于以上思考,针对学校实际,特别是对前一阶段的信息分析,采取"重点培植,带动一方,触动整体"的工作思路,力求短期内迅速整合管理队伍,肃清杂念,弘扬先进,使学校千眼汇于一点,使教师行为集于一轨。

一、重点培植,触动整体

学校管理工作千头万绪,但仔细思量,无外乎"一头二手",即"策略制定之头"要清醒,"政令下达执行之手""核心工作之手"要有力。

根据学校实际,现阶段的"头"确定为校级副职干部,这些肩负学校分管分块工作策略措施制定、过程检查、效能评估重任的副校长,务必在理念、方向、思路、措施、执行等方面保持动能或跟进不落后。

现阶段的"手"确定为教务处、办公室。在这其中,办公室是学校行政的工作中枢,对外,担任着"政令信息"的收集、整理等工作,在一定程度上,可被比喻为学校的"天眼";对内,担负所有学校行政指令的下发、效果反馈等工作,在一定程度上,可被比喻为学校的"地眼"。因此,办公室是学校的"眼睛部门"。教务处,承担着学校核心工作的管理,是课堂育人教学工作的有效执行及保障部门,担负着学情、教情信息的收集反馈、策略调整建议等工作。该部门的工作运转正常与否,跳动是否有力、有序、有律,对学校整体工作效能影响巨大,在一定程度上,可被比喻为学校的"心脏部门"。

以此类推,"政教处"可被比喻为学校的"肺部门",担负着学校服务对象——学生、家长的交流和沟通、共同学习互相成长的重任(这也是下一阶段工作的重点对象)。"总务处"可被比喻为学校的"肾部门",担负着为学校各项工作后勤循环保障重任。"科研处"可被比喻为学校的"肝脏部门",担负着为学校各项工作,特别是教学教育工作的会诊、解毒、处药方、救治的重任。

二、带动一方,重塑内核

初步检测学校管理行政流程执行及执行效能的有效性。这段时间设定为行政职能部门及干部推门纳言月。主要解决如下问题:第一阶段实践的模型及结果教师们理解和认同吗? 如何保证操作不变形? 又如何保证效益?(单凭行政指令是行不通的,怎么办?)

1.让所有行政干部推开教师办公室、班级、教研组、年级组、各处室之门,纳言听谏。目的是加强沟通,密切干群关系,寻找共融点。力争用一个月的时间,听一听教师的声音,再用一个月的时间,听一听家长和学生的声音,力争全面了解学校现状,寻找学校发展的突破点,解决一些当前亟需解决的问题,使教师轻装上阵,学生感受变化,得到学习的实惠,而中层职能部门要初步体现常规工作有序,重点中心工作明确,执行有法。

具体做法及要求是:①校级干部此月前三周下年级办公,轮转靠前,着重听记,要求访师谈话率达年级教师的 20% 以上(以记录为准),第四周开始下部办公

(包括非分管工作部门),访问行政人员须达50%以上(以记录为准);②校级干部下年级时,须带齐分管部门的中层干部,月末形成调研报告。

2.教学研讨常态化,常赛常研。以有效课堂为主题,营造学科组间、年级间的竞争平台。以竞促教,以评促学,绩效发放至年级或教研组(现阶段以打造团队智慧力量为首务)。

每月第一周:教研组组织,以三个年级备课组为单位进行评比,要求集体备课,代表上课,只评备课组,不评个人。

每月第二周:教研组间,10个教研组各派1人进行评比

每月第三周:年级(包含主题班会课)进行评比

每月第四周:2—3名中层以上干部上汇报课或示范亮相课

3.学习习惯化

①校长定期推荐文章并在行政会划出专块时间辅导。

②中层干部向教育教学一线推荐专业文章(教育、教学、班级)。

③教育教学一线合作互动或教研培训。

实践证明,通过调研、实践、反思、跟进等措施,可以打造出具有一定执政水平的、责任心强的、可持续发展的队伍,初步具备独立执行、应急有效、效果初显、心理素质良好、积极向上的综合管理者素质等方面的教师可加强培养,稳步推进各项工作,为下一阶段的提质量(有效完成各科课程标准要求)、造仁师(学生家长认可并喜欢)、培好生(适应生活并自主接受升级、升学挑战)攻坚战奠定坚实基础。

在改进中成就
——学校整体改造思索

笔者调到新学校后，着实面临了很多的困难与挑战，现在的学校是由原白云中学、原峻岭厂子弟中学、原柳东中学和原十六中四所中学的老师分流或撤并而成的。教师教学底子薄：原十六中有短暂的工读学校办学史，原柳东中学为农村学校，教师集群利益及价值观时有冲突，学校文化底蕴弱。将面临着整合思想，重铸新学校之魂的挑战。

一、成长据于德：凭借"适合就好"教育，成为学生心目中的好校长

学校受地理位置的影响，办学条件比较艰苦，学生基本上都是背井离乡、外出务工的农民的子女，他们跟随父母到城市读书，居无定所，家庭环境较差，负担重，父母往往无暇顾及子女教育问题，孩子的社会素养相对较差，多数人学习目标也不高。针对有一半的学生不是以升学为目的的现状，学校从初一开始实行"适合就好"的教育，现在已经成为学校最常态的工作。"适合就好"就是给孩子适合的选择，以兴趣爱好为基础，为学生量身定做的教育。

为了"适合就好"的教育的开展，学校专门成立了"非标准课程服务中心"，尽力为学生开拓兴趣课程，效果明显。

国家课程标准校本化执行：执行标准既考虑学校师生师能、学生基础、目标现实，也考虑阶段性目标、进度、重难点的适当变化调节。

地方课程融入选择适度化：以学科知识与技能为特征的学科课程是学校工作任务的核心，其他的课程形式及载体在整体课程体系中的比重要谨慎选择。

校本课程定位设计特色化：应以独特性、可持续、服务学校中心为原则，以凸显学校亮点、增强社会知名效益、体现学校精神烙印为目标。

在与学生的交谈中,他们均流露出对校长尊敬和喜爱之情。都认为正是学校以他们兴趣特长为本的做法,才让他们有了成就自己的机会。

二、成长依于仁:"微笑教育",使师生情感更和谐

教师是一个学校的立校之本、生命之源,教师的"教之功"很大程度上左右着学校前进的方向。

通过大范围的调研活动,笔者发现教师在上课的时候过于紧张严肃,很少有微笑教育,一般教学教育手段为责斥等,学生不快乐、知识记不住、技能形不成。所以笔者向教师提出:推行有效的课堂教学尝试,让校园成为师生成长的乐园。

坚定以课本为主,强调以学生为主体,让学生快乐地学习。在教师教学上,切实推行有效的教研活动;在学生学习活动上,学校通过开展体育大课间、剪刻纸艺术、科普、体育联赛等活动,促进师生情感交流和集体融入,教师也从中学会了如何与学生情感共融。学校因此获得了"体育大课间推广先进学校""课外体育训练先进单位"的荣誉称号,学生也获得包括自治区健美操个人金牌在内的多个奖项。不少学生在这些富有学校特色的活动中愉悦了心情、升华了精神。不少行为过激、偏执的学生通过活动得到了有效的行为矫正。学生主动问好的多了、卫生习惯逐渐形成了、好勇斗狠现象减少了、校门口的社会闲散少年少了、课堂纪律也逐渐向好……

三、成长游于艺:务实的"372 工程",凝聚了教师、学生、家长的共同愿景

保证学生巩固知识,与其寄希望于学生的课后自觉和家长的跟进,不如抓好课堂效率,力争课堂内解决。而有效课堂的实施,最为关键的是教师的课堂活动定位及设计,只要教师们在课前、课中、课后三个教学环节能做到有的放矢,那么,学生百分之九十的学习任务可以在校内完成。

在取得教师的认同后,学校尝试了"师源生本"有效课堂研究:通过教学进度校本化、作业校内完成化、师生情感和谐化,加强了课堂教学教育的校本务实化。

经过近几年的实践,学校与同类兄弟学校的差距逐渐缩小,实验已取得突破性进展,并因此获得了教育创新成果一等奖(全市仅有的两名之一,这对这所根基薄弱学校而言,是非常荣耀的)。

四、成长立于魂:"五点工程",为学生的终身发展奠基

学校的任务当以传播文化为了。以学生切合自身实际的需要为出发点和归宿点,积极培植学生的兴趣,逐渐提升学生的综合素质。

推行"五点工程",即读点好书、写点好字、练点体育、唱点好歌、做点好事。让经典名著指引学生成长的方向,让积极向上的歌声抒发学生的美好情感,在写字间净化学生的心灵,让健康体魄伴随学生的一生,让合作互帮、互助成为学生的习惯。

"五点工程"是有的放矢的,好书、好歌、好字、好事、好身体,做好这些工作,足以让学生受益终身!这正符合学校的教育理念,为学生的终身发展奠定基础。"五个一"工程,不仅仅是五个项目,而应该是百花齐放,只要是学生感兴趣的,有利于学生终身发展的,而又是教师所能提供的都可让学生学习,希望整个学校的团队都能融入到这个体系中来。

人人有书读,人人读好书,以读书为载体平台的学习型组织正生机盎然地在学校这块热土上发展。

五、成长志于道:确保学校有序前进

学校始终明确以两项任务为中心来开展工作:

一是抓干部队伍建设,提升执行力和服务意识。二是抓课堂教学改革,提升课堂有效性。

行政管理方面试行"行政干部全员巡课制""行政责任事故认定办法""文件登记、跟踪、督查、落实机制""工作流程及建档要求""部门工作月报制""行政会议记录公示制""部门会议邀请一线教师参与制""行政干部推门纳言活动"等工作,提升执行力,进一步保证工作的按时、按质完成。进一步加强学校民主管理,扩大教职工的主体参与,提升学校科学决策力及管理实效性。

教职工管理方面试行"教研活动月常规""班级管理月常规""年级教师全员巡课制",进一步推进学校常规化管理,积极探索课堂有效教学途径,利用"以赛促教"模式,寻求教育教学研究常态化。

学生管理方面试行"年级三会二报一巡查制",进一步加强以年级为管理单元的学生管理机制,进一步增强管理的针对性、实效性。

推行学校管理改革，以"重服务、抓过程、提质量、造仁师、出好生"为工作目标，建设"生生共融、师师共融、师生共融"的健康和谐校园。这种未雨绸缪的前瞻性思考，正逐步深入学校每一位教职工心中，学校正逐步形成"有人想事、有人做事、有人评事"的良好管理格局。

"停课不停学"背景下学校疫情防控教育

一场特殊的抗疫之战,暴露了人们在科学素养、公民素养、生活素养等诸多方面的不足。面对尚未成年的中学生,我们思忖,有必要为他们补上一堂科学防疫、积极抗疫的人生大课。

1—2月,教育部先后做出了"延期开学"和"停课不停学"的指示,号召各地学校充分利用丰富的网络资源,组织实施相关的远程教育。我校结合自身情况,针对学生防疫知识匮乏、抗疫技能不足的实际,决定在远程教育中着重开发生活教育类课程,特辟疫情防控知识与技能模块,由生活教育课程部全面负责线上课程的开发,引导学生通过线上学习、线下实践,切实提高防疫抗疫的能力以及在疫情防控实践中的科学素养、生活素养、公民素养、审美素养,培养良好的卫生习惯,自觉遵守社会秩序,全面提高应对紧急突发事件的能力。

一、实施疫情防控知识与技能模块教学,关注学生的身心健康

疫情防控知识与技能模块的课程内容(如表1)由生活教育课程部具体负责,包括指导教师进行课程选题和内容的研发,对教师亲自制作或选编的微片段教学视频进行把关,在课程实施过程中督促教师及时上传微片段教学视频并按时批改学生的各类作业,在网络后台检查授课教师课程资源上传情况及网上答疑解惑情况、抽查各班学习情况,督促教师及时上传反馈意见,对教师的课程实施做出评价等。教务处负责指导师生熟悉硬件操作,包括相关网络平台的登录和操作方法等。该模块教学实施过程主要包括课前、课中、课后三个阶段,每个阶段都同时包含师生双方的教与学活动。

表1　柳州市前茅中学"停课不停学"疫情防控知识与技能模块教学内容

课程内容	授课人	教学方法	学生操作及成果展示
疫情防控知识教育	周芳芳	演示法	动手实践,居家消杀
疫情期间远程心理教育	罗坤标	活动法	完成小论文
疫情期间消防安全教育	韦黎	微片段教学	制作小视频
疫情期间应急安全教育	韦黎	微片段教学、案例分析	完成小论文
疫情期间禁毒防毒教育	韦黎	微片段教学、案例分析	知识竞赛、问卷调查
疫情期间交通安全教育	韦黎	微片段教学、案例分析	完成小论文
疫情期间防溺水安全教育	魏荣含	讨论法	写心得体会
疫情期间预防一氧化碳中毒安全教育	罗坤标	微片段教学、案例分析	绘制手抄报
疫情期间预防校园欺凌教育	魏荣含	微片段教学、案例分析	知识竞赛、问卷调查
疫情期间中的法律知识	罗坤标	微片段教学、案例分析	写心得体会
疫情期间中的烹饪教学	周芳芳	微片段教学、演示法	动手实践,做一道美食

课前:教师准备教学资料,通过自创或选编的方式制作教学课件和微片段教学视频,并将制作好的微片段教学视频上传至云平台"我的教材资源",同时传送到"课前导学",推送给学生;设计适合课程内容的体验类、文字类或实物作品类课后作业;向学生发布预学任务,强调预学要求,提醒学生做好课前准备。学生通过阅读教师课前推送的预学内容和上课要求,做好课前预习和上课准备(笔、笔记本等学习用具);课前10分钟登录云平台,确保设备运行正常,同时完成"班级通知"里的在线签到。

课中:教师提前登录线上平台,检测设备运行是否正常;课前5分钟点名,登记出勤率,提醒学生本课教学流程及注意事项;组织学生集体观看微片段教学视频;通过微信群或QQ群进行相关知识的简单串讲,归纳要点;与学生线上互动,在线辅导解惑;强调作业要求。学生在"课堂"上观看相关微片段教学视频;在教师指导下归纳知识要点;通过微信群或QQ群与授课教师线上互动,提问或提出意见、建议;完成线上作业并上传至云平台。

课后:教师统计未上课学生名单;检查当堂作业,统计作业完成情况;布置课后作业和下一板块的预学任务;收集学生的意见和建议,根据学生上课情况反思教学目标达成情况。学生及时完成课后作业,家务、烹饪、线上观看(参观)等体验类作业可拍照或拍视频上传,感悟、日记、征文等文字类作业可直接以文学方式上传;手工类作业则将实物拍照后上传。

教学结束后,授课教师为教学反馈做准备:统计学生在线学习人数及未到学生情况;利用各班班级群、柳州市教育资源云平台等对上传的作业进行批改并提出反馈意见;统计学生作业完成情况;对学生和家长提出的意见和建议进行整理、反馈;总结课程实施情况,包括授课情况、学生作业抽检情况、学生和家长的反馈意见等。完成以上准备后,授课教师将以上内容形成文字,反馈给生活教育课程部。

教学评价由生活教育课程部负责,具体做法如下:通过在线问卷调查平台向师生、家长发放问题了解课程品质;根据学生提交的作业及作业完成情况对课程的实施进行等级评分,并按比例提交学生优秀作品进行评比和展示;根据教师反馈的课程实施情况对授课教师进行评价。

二、开发疫情之下的"四结合"生活教育内容,培养学生的综合素养

(一)将疫情认知教育与学科教学相结合,着力提高学生的科学素养

生活即教育,教育应遵循科学规律。我校基于课前调研,提出围绕防疫抗疫的时代主题建设各学科课程,要求各学科教师充分挖掘疫情期间的教育素材,结合疫情期间的背景设计学科教学内容,尽量选用疫情期间的生活事件作为学科知识与技能的载体,引导学生学会发挥学科思维的特长,活用知识分析疫情期间的事件,不断提高对疫情的科学认知水平。于是,语文组依据说明文的特点设计了《从说明文看病毒》的微片段教学视频,让学生借助说明文的文体,深入学习细菌与病毒的知识,认识新冠病毒的特点,同时渗透疫情期间的人文关怀,引导学生严格自律,不参与违背疫情防控要求的活动;数学组根据国家卫健委每天发布的疫情报告,设计了一个研究性小课题——提取数据分析疫情,引导学生运用所学的折线图知识,对疫情发生以来的现存诊断、现存疑似、临床诊断等数据进行科学分析,从中判断隔离方法是否有效、疫情是否得到控制、得到了什么程度的控制等,

进而提出居家防护的科学建议,增强防疫自觉;生物组设计的小课题是"结合传染病的三个基本环节分析居家隔离措施的优越性",引导学生从传染病的传播途径、基本环节和防范措施,病毒的基本结构、其他生物的基本结构以及病毒的繁殖方式,药物在人体内的循环与吸收这三个不同侧面进行研究,全方位了解新冠病毒的危害及其预防方法,深刻理解居家隔离的必要性。将疫情认知教育与学科教学相结合,可有效提高学生的科学素养。

(二)将防疫教育与生活技能培训相结合,着力提升学生的生活素养

防疫教育仅仅靠学科渗透远远不够。我们发现,在平时的生活中,不少学生缺乏基本的卫生防护意识,没有养成良好的卫生习惯,应对疫情的防护能力亟待提高。于是,我们安排学校卫健组专门设计和开发了卫生技能指导课。

卫生技能指导课主要包括以下三个方面内容:一是"疫情防控常识""正确洗手七步法""制作防疫口罩""正确佩戴口罩""居家消杀"等卫生防疫类微课内容,每周两次上传到柳州教育云平台,并推送到学生的学习空间,引导学生在教师的示范下,认真学习并切实掌握相关的卫生防护知识,培养良好的卫生习惯;二是疫情期间的心理健康课,引导学生通过在线学习,了解一些心理健康常识,掌握一些调节情绪、放松身心的方法,或者接受线上心理辅导,缓解疫情期间的心理压力和学习压力;三是推送"每日烹饪"教学视频,引导学生学习制作防疫健康菜肴,培养健康饮食习惯。

(三)将疫情期间的安全防护与社会认知教育相结合,着力培育学生的公民素养

疫情期间的安全防护,以学校安稳办开发的疫情期间的安全防护指南课为支撑。此类课程,主要采用案例分析的方式,解决两个方面的问题:一方面为学生补上相关的法律常识,包括告知学生编造或故意传播虚假疫情信息、个人行为导致新冠肺炎传播或者引发传播风险、缓报瞒报漏报疫情行为等都要承担的法律责任;另一方面是强化学生对相关政策管制措施的理解,包括为减少人员流动、阻断疫情传播所采取的交通管制、错峰出行以及小区限制出行等举措。线上课程的实施,主要依托于教师事先录制好的微片段教学视频,包括乙类传染病甲类管理、I级响应、战时管理等政策知识,酒精和消毒液的安全存放等防疫消杀药品的安全处置知识,疫情期间的消防设施检查、消防通道疏通以及消防安全疏散等操作技

能知识。

（四）将防疫教育与疫情中的真善美教育指导相结合，着力培养学生的科学精神和审美素养

疫情期间的信息驳杂，为引导学生在众多信息中发现真善美，弘扬正能量，我校政教处和图音组设计开发了疫情期间中的真善美指导课，引导学生在疫情防控期间，学会用眼睛去发现美、用心灵去感受美、用双手去创造美、用行动去弘扬美。

政教处通过学校平台向学生推荐了许多励志内容，让学生通过观看励志视频、分析相关素材、组织线上交流活动等拓宽视野；通过开展家校联动课堂，动员战斗在医护岗位、公安岗位和社区岗位等抗疫一线的家长们分别录制一线抗击疫情的微课视频，给孩子们讲述一线工作者舍小家为大家的故事，弘扬社会正能量，培养学生对奋战在各条战线的家长们的敬仰与感恩之情。

美术组田婉熠老师设计了为期三周的居家美术课程：第一周是"'五谷杂粮'绘当下"，引导学生在居家防疫期间，尝试利用家里不少于 3 种的五谷杂粮，围绕本次疫情主题创作"五谷粮食画"，表达自己的所见所闻所感；第二周是"'纸薄情深'战疫魔"，以举国上下共同抗疫为背景，引导学生关注抗疫英雄的事迹，居家创作剪纸作品，向奋战在一线的医护人员致敬，或者用剪纸方式创作"勤洗手""常消毒""多开窗""请戴口罩"等通俗易懂的防护标语，表达自己对武汉、对祖国的支持，传递众志成城、抗击疫情的正能量；第三周是"'指尖生花'塑新意"，基于衍纸艺术，引导学生至少利用四种典型的手工技艺卷、捏、压、掐，创作色彩斑斓的花卉装饰画，美化居家环境。

全民抗疫，对全体中国人民来说既是挫折又是考验，对尚未成年的中学生来说更是一堂关乎科学素养、生命价值、公民素养、审美修养的人生大课。进一步引导学生在战"疫"过程中树立正确的世界观、人生观、价值观，继续培养坚忍不拔、从容不迫、乐观向上的奋斗精神和赤诚仁爱、胸怀天下的家国情怀，与祖国一道成长，让灾难见证师生坚定成长的足迹，我们的课程建设依然在路上。

"停课不停学"远程生活教育课程实施方案

一、背景目的

面对新型冠状病毒肺炎疫情,为阻断疫情向校园蔓延,确保师生生命安全和身体健康,教育部日前下发通知,要求 2020 年春季学期延期开学。各地教育部门也纷纷响应,面向中小学校搭建在线学习平台,借助网络和电视,为教师和学生建立教学和辅导的双向交流渠道,真正实现中小学"停课不停学"。人人皆学,处处能学,时时可学,是学习型社会的建设目标,也是在线教育的显著特征。在此背景之下,我校充分利用各类网络平台,结合本校实际,组织教师通过网络平台开设空中课堂,除开展正常的智育和德育课程之外,还开设了远程的综合性生活教育课程。

二、情况分析

(一)学校情况

前茅中学秉承"德美向善、智体向上、劳行向前"之理念,以德、智、体、美、劳"五育并举"为原则,以"培养前中英才"为契机,创新教学模式,开设适合学生的综合性生活教育课程,以此开拓学生视野,培养学生爱家、爱校、爱国的优秀品质,并在劳动实践中培养学生的劳动技能。

(二)教师情况

开发教师潜能、发展教师个性、发挥优势、提供有利条件,促进教师个体及学校教育的个性化、多样化和特色化发展,始终是提升学校教育质量的重要课题。我校年轻老师居多,都有较广泛的兴趣爱好,涉及科学、法律、烹饪、手工、心理辅导等,为我校开设线上生活教育课创造了必备师资条件。

（三）学生情况

我校大部分学生是来自私立小学的进城务工人员子女或是柳州市周边县城的学生，家长平时工作忙，闲暇时间少，各种因素导致其教育文化水平普遍较低，生活中易忽视对孩子的教育，特别是习惯养成教育。开设远程生活教育课程，可以开拓学生视野，让他们在劳动中丰富生活经验。

三、课程目标

（一）法律常识部分

通过对《中华人民共和国治安管理处罚法》《中华人民共和国刑法》《中华人民共和国国境卫生检疫法》《中华人民共和国消费者权益保护法》等相关法律条款的教学，让学生在疫情防控期间掌握与自己有关的法律知识。

（二）生命教育部分

了解新型冠状病毒肺炎疫情的传播途径和危害，学会疫情防护的相关知识并进行正确防护；感悟生命、珍爱生命、敬畏生命，学会正确地自我心理疏导；加强日常锻炼，增强体质；提高安全防范意识，提高安全自救能力。

（三）劳动技能部分

掌握基本生活技能，适应社会生活，养成负责任的生活态度；了解与认识现代生产和劳动技术，端正劳动态度，形成良好的劳动习惯。

四、实施原则

（一）减轻师生负担

生活教育实践活动课程以实践和体验为主，不增加师生教与学的负担，不强制老师直播，不强制学生打卡。老师事先制作好相关教学微视频，经学校审核后发到指定空间，学生可以自主安排时间下载学习，不占用文化课学习时间。

（二）依托网络支撑

在实际操作中，需要师生熟悉网络交流平台的登陆和使用操作，以学校为单位，通过柳州市教育资源云平台发布学习任务。学生可以根据自己的实际情况，合理安排时间，通过网络点播、自主学习、课后实践、线下答疑等灵活多样的形式开展学习。同时，老师在后台收集学生的意见和建议，不断调整教学策略，有效指导学生学习。

（三）合理选用素材

生活类的知识体系庞大,内容繁多,用于教学的素材,必须谨慎选择。网上可参考、选用的课程资源、音频和视频都很多,必须认真遴选把关,结合疫情防控期的特殊形势,选取适合自己学校、学生的,不求多,只求系统实在,鼓励创新。

（四）遵循科学发展

遵循"以人为本,科学发展"的规律。结合我校的办学理念,既要做到"德美向善,智体向上",又要做到"劳行向前",让学生真正得到全面发展。必须加强劳动教育、生活实践和劳动体验教育,因此远程生活课中必须给学生安排一定的家务劳动,让他们在生活体验中增强劳动意识和家庭责任意识。

五、课程实施

（一）学习内容:法律常识、生命教育、劳动技能

（二）学习时间:2020 年 2 月 17 日—3 月 1 日

（三）学习方式:线上教学、查阅资料、动手操作

（四）学习课时:12 个课时

（五）学习清单(课表)

	学习内容	学习类别	学习形式
1	疫情防控知识的学习,居家消杀	生命教育	教学视频 动手操作
2	疫情防控期间长时间居家,应该如何调节心理压力?	心理健康	教学视频
3	疫情防控期间你需要掌握的法律知识	法律常识	教学视频
4	预防一氧化碳中毒	安全教育	教学视频
5	消防安全教育	安全教育	教学视频
6	交通安全教育	生命教育	教学视频
7	禁毒防毒教育	生命教育	教学视频

	学习内容	学习类别	学习形式
8	防溺水安全教育	生命教育	教学视频
9	防校园欺凌教育	生命教育	教学视频
10	每日菜谱	劳动技能	教学视频 动手操作

（六）授课过程

1.老师的授课和反馈

（1）在3月份开学前，不提前开始网上教学。

（2）生活老师事先制作好相关教学微视频，经学校相关部门审核，提前上传柳州市教育资源云平台，并提前两天推送给学生。生活老师要将线上教学途径及要求告知家长和学生，提前做好线上学习准备，同时做好不具备线上学习条件的学生的居家学习指导工作。

（3）无论是视频授课还是学生动手操作，每节课不宜超过40分钟。观看视频时间必须严格控制，提醒学生注意保护视力。

2.学生的学习和实践

（1）生活类课程以不占用学生文化课学习时间为原则，学生根据课程安排，在文化课之余，自行安排时间学习生活类课程。

（2）每个学生都要提前了解每日学习内容，明确学习要求以后，根据时间安排，完成相关学习任务。在家的劳动实践，也可在家长的指导下完成。

（3）针对有作业任务的学习内容，学生务必自行备份照片和视频，并上传到指定群或指定空间，以备老师检查、评比和展示。

（七）课后反馈

教师充分使用现有的各班班级群以及柳州市教育资源云平台里教师的个人空间来进行授课、作业上传、批改和反馈，对完成质量较好的作业进行评比和展示，并针对学生提出的意见和建议及时对教学进行调整，安稳办每日会对各班的学习情况进行抽查。

（八）督导管理

安稳办负责生活微课及教学素材的审核,对上交的微课片段进行把关,同时督促生活老师按时上传微课片段以及作业批改情况和反馈,并通过网络平台的后台检查老师们的上传情况以及网上答疑解惑情况。

六、课程评价

（一）通过线上问卷调查平台向师生、家长发放调查问题,了解生活课程开设的品质。

（二）根据学生提交的作业,按比例提交优秀作品进行评比和展示。

（三）各小组进行课程实施小结,以文字的形式反馈给安稳办,为学校进一步总结、不断提升综合性生活教育课程研发水平进行经验积累。

附件一:相关生活类的学习资源

一、法治安全:

CCTV-1:《今日说法》

CCTV-12:《守护明天》《中国法制报道》《大家看法》

法治安全系列教育课:《护苗·青少年网络安全课》

二、生命教育:

应急管理部防控知识宣传片《新冠病毒防控知识手册》

NHK(日本广播协会)拍摄的全球首部新冠病毒纪录片《紧急报告!新冠病毒肺炎》

CCTV-12:《生命线》

CCTV-10:《烈焰勇士》

电影:《少年的你》

心理座谈:《愿少年的你,被阳光环绕》

纪录片:《生命之盐》《蓝色星球》《美丽中国》《人类星球》《地球脉动》《帝企鹅日记》《冰冻星球》《生命》《家园》等

三、劳动实践:

CCTV-1:《天天饮食》

央视纪录片:《舌尖上的中国》《川菜的品格》《味道中国》《寻味顺德》《一城一味》

美食主播李子柒美食节目

美食 App:菜谱大全、豆果美食、下厨房、香哈菜谱

东方卫视:《劳动最光荣》

针对学习资源部分,学生可以根据学校推荐的学习资源,结合自身实际情况,通过在网上搜索点播进行学习。

关于超量训练

为了考好只有两种选择：

其一是不断操练，以致于对题目熟悉无比，形如条件反射，这就是题海战术及快速解题训练，如有些小学家庭作业中就有应教师要求"每日 10 分钟 120 题"的训练，必须训练，因为要全校竞赛、公开评奖。如果因不执行而不得奖或得低等级奖，次数多了，学生不仅心理上会有不如人的感觉，还可能被同学嘲笑、被老师看低，导致其自尊心、自信心受到伤害。

在此重压下，学生会渐渐偏离正确的学科思维学习方向，并在日积月累的考试结果及策略总结后，慢慢地从认同父母到怀疑、再到质疑（即所谓的逆反）、最后是否定（即所谓的代沟）。

其二是加深或超前学习！试想：学完初一课程的他去做小学毕业考试题，分数会低吗？因此，用两年半甚至更短时间学完三年课程变得名正言顺，学科奥赛训练人人参与，校校参与，唯恐落下"努力不够"之恶名。

如此恶性循环，形成怪圈：幼教小学化，小学初中化，初中高中化，高中大学化，大学社会化！知识快餐化，思维线性化，能力弱小化！因此，学生的学科知识长得很高但很细很脆！一旦呵护的外力消失！将很快折断，失去再生和创生动力！

但我们不能拿学生的未来来赌！毕竟我们只能预见未来，不能看见未来，更无力左右未来，但我们又不能放弃判断，压抑理想，丢掉可能！因此，中庸是需要的，多学习几个类型的知识，也符合"多元智能理论"原理。

为了春芽教师的成长

——师能促进的思索

无论采用何种技术、手段或方式开展教研活动，其核心本质都应是有效提升学科教师的教育教学素养，而这种提升最终一定是落实在学生学习质量的提升上的。

就教师队伍现状而言，还应定位于：用三到五年时间，立足自身，积极"造血"，培养"每学科1—2名，全校覆盖面30%的骨干教师"，并以点带面，逐步辐射，力争形成结构合理、级层清晰、衔接顺畅的教师资源。

我们还要进一步加强"春芽师培行动"的开展力度，在小步子实验的基础上全面实施，以此促进学科学习型组织建设和学科教研质量的提升。

其一是抓好"春芽教师"的选拔。

"春芽"一词，取意于"小荷才露尖尖角"。我校的师资力量相对于城区、全市师资水平而言，暂时还有一定的距离，而相关水平的提升是需要时间的，因而这种距离也需要我们静心而为，不可能一蹴而就。只要我们的教师能摆正位置、正视距离、找准切入点、潜心修炼、苦心思索、尽心尝试，假以时日，必能如"春芽"一般，从无到有、从小到大、从弱到强，长成为那参天大树上不可或缺的一叶一干。这与教师年龄无关，与基础水平无关，与教学班级无关，只与"真心"相关。要竭尽全力为那些有"自我发展""真心"的教师提供"真"平台。

其二是加强学科研究管理，保"芽"促"面"。

在各级学科教学专家、精英的帮扶下，以"问题解决"为主线，以每两教学周为研究周期，以全学科组集体攻关为主要研究形式，以课堂教学为对象载体，以学生学习有效达成度为评价指标，以"春芽教师"的备课、授课、课后跟进、再备、再授、再跟进等教学环节为呈现方式，扎实开展研究。

在"春芽教师"自身得以有效成长的同时,教务处、科研处要确保教研组全体成员的有效参与,在对每一个教学环节的设计、实施、反思、再设计、再实施、再反思的循环探索中,应保证每位成员的观点发表权、自我实践权,在途径和方法的选择上,应尽力避免"排他现象"和"唯我独尊现象",对存在认识分歧的、无法共识的,应多采用"求同存异、分别实践"的办法,形成"数家争鸣、数花齐放"的多元教研局面。

"春芽行动"实质上并不在乎能解决多少问题,形成多少研究成果,其最关注的是过程,过程即学习、过程即成果、过程即成长。想足、抓实、做细,各项成果自然会"水到渠成"。

"适合就好"的课程选择

一位教育家说过:"老师应把爱心分给每一个学生。在自己的心中应当有每个学生的欢乐和苦恼。"

没有一朵花儿不美丽,没有一个孩子不可爱,但也没有一个孩子不摔跤就能学会走路。差生就像医院中的重病号,在医院中往往能得到特殊治疗、特殊照顾,但在学校中却往往被忽视。

苏霍姆林斯基说过:"让班里每一个学生都能抬起头来走路。"偏爱"优生"、歧视"差生"、忽视"中间生"都不是完美的教育。

人们早已习惯"头痛医头、脚痛医脚"的问题解决方式,很少有"山不过来,我就过去"的思维,在对待学生的问题上,过多强调学生适应教师,对学生的学习感受重视不够。从更深层次分析,也暴露出我们面对随时可能出现的教育教学问题,缺少解决手段、策略、方法,一直将"凭经验"作为解决问题的不二法宝。

就学生的现状而言,文化基础相对较弱,家庭重教程度较轻,但学生比较纯朴;教师结构不完善,教学技艺相对靠后,但教师精神面貌较好。就管理而言,需要找到适合教师实际的、教师乐于认同的模型;就课堂教学而言,需要找到适合学生实际的、学生乐于认同的实施模型。为此,需要重新审视理念、目标、教学观、学生观等影响学生成长的主要元素。

(一)坚持"适合才好"的原则

成立并开始运转的学校"课程中心"承担着学校内涵发展的重要使命,什么样的课程适合学生实际,这的确不好把握,需要做大量的调查研究;课堂教学怎样定位才适合学生,内容的多少、难度的高低、速度的快慢、时间的长短等,都需要我们细细思量。

(1)课堂是为适应新教材而改变教法、学法,还是为使学生更好地达成目标而采取相应的教法、学法？课堂教学组织必须体现课堂的有效性，具体应落实到学科知识、技能的达成表现，课堂的一切活动应力求体现华而有实。因此，有必要对教材进行适当地分解重组和补充。

（2）课堂是老师主导下的学生主体体现还是学生主体体现下的老师主导？课堂组织应力求体现有序，具体来说，应由老师设置好活动环节，确立知识、技能框架，引导学生在设定框架内进行主体认知建构。即老师搭台子、竖架子，学生当演员，老师做导演。课堂不能过多地出现无益活动及无益思维，要紧扣学科思维。

（3）课是面面俱到、全面渗透还是抓住重点递进达成？一堂没有遗憾的课不一定是好课，学生在一堂课中的注意力和思维兴奋点都是有限的。如何根据学生特点把最基础的、最重要的课堂活动片段深深嵌入学生大脑，是所有教师都应该认真思考的，老师在一堂课里应该根据学生实际有详讲、简述和略言之分，学生也应有详做、简思、略写之分，知识的形成如同走路一般，需循序渐进，点点递进。如果不顾学生实际，盲目拔高、突增容量及难度，就会像网络风暴一样，出现梗阻，突然崩溃。

（二）坚持"融合才行"的原则

选择是否正确、策略是否得当，自己说得不算。就管理而言，教师的认同度是衡量管理效益的重要标尺，要通过"加强政务公开、扩大民主参与"的方式提高教职工对学校的认同感；就教学而言，学生对教师的认同度同样是衡量教学质量的重要元素，尽管它与学习成绩相比没那么容易显现，但不能否认或否定它对学生学习的促进作用。

（三）坚持"理解才能"的原则

不管如何选择，永远不可能做到"一碗水端平"，特别是不断推进的教育教学改革尝试，或多或少总会触及部分利益，有反对意见在所难免。关键是要尽力做到团结持反对意见的人，共同把事做好，用胸怀增进理解，用交流维持理解，用民主保障理解。

（四）坚持"全师投入"的原则

"革命工作只有分工，没有贵贱多少"。校本课程特别是活动实践特色课程，不能光靠一两名教师来支撑，需要全师参与。

（五）坚持"全生参与"的原则

教育，应是面向全体学生的；教育选择，应是惠及全体学生的；教育课程，应是每位学生都能参与的。

每一门适合学生的课程,最起码应包含如下要素:

其一是能让特长突出的学生脱颖而出。在现实中,学校往往会根据这些学生的特长来确定和开展特色校本课程活动,这本无可厚非。特长学生肯定是学校的"掌中宝",让特长生充分施展自己的特长,一方面可让其"能做自己喜欢并擅长的事";另一方面,特长生的优异成绩为学校争得荣誉的同时,还能给其周围的同学树立良好学习榜样及赶超标杆。有利于学校形成良好的"比学赶帮"氛围,有利于学生成长。

其二是能让所有参与的学生都有收获。在现实中,我们不可能代替学生确定他们的兴趣,学生也不可能始终清楚明了自己的兴趣。只有通过不同活动的参与尝试,才能逐渐了解自己,逐渐形成兴趣志向。最基础的收获是:学生可通过校本课程,了解生活、了解社会;最普及的收获是:学生通过校本课程,知道自己需要什么;最应有的收获是:学生通过校本课程,懂得如何满足自己的需要。

(六)坚持"常态化"的原则

校本课程体系的建构,一方面可通过教师根据自己特长开发形成;另一方面,学校也可从工作角色出发,让相关部门或人员主动承担建立。

政教处(室):从学生最应形成的品质德行入手,以三年76周计(每学期按20周计,开学、期中、期末各扣除2周,初三最后总复习的10周不计),精挑细选76个德品细节,一周训练或体验一个,一周渗透一个好品德。

教务处(室):从学生最应形成的学习习惯入手设计校本课程。

总务处(室):从学生最应形成的生活习惯入手设计校本课程。

科研处(室):帮助上述三处室形成校本课程教材。

校长(室)、书记(室)、办公室、督查室负责课程执行过程的管理和效果评估。

每学期的校本课程应纳入学校课表管理,授课教师的教学工作纳入课时工作量管理,授课效果纳入教育教学质量监控管理。

学校的发展,不能仅仅坐等外部环境(校园基础建设、生源质量、社会认同)的改变,在积极争取的同时,还要立足自身,用内涵提升促进学校发展,如何开展惠及全体学生的、全体学生乐于接受的、适合本校师生实际的课程体系,应是当前及今后很长一段时期的工作重点。

1.推行"372课堂尝试"教学研究。为寻找适合学校学情的教学模式,固化校本教研成果,提升教学质量,让不同层次的学生都有所收获,推行"372课堂尝试"教学研究:三即备课"三必备":一备知识点、技能点,二备导学问题,三备课堂检测;七即上课"七要素":一是导学问题展示,二是学生自学,三是学生分组讨论交流合作解决问题,四是教师组织答案展示及知识技能明晰,五是学生自主训练,六是教师组织训练答案展示及学法指导,七是当堂测评(导学问题明确后,积极调动学生眼、耳、口、手、脑各种感官进行学习,让学生主动参与学习,最后通过检测了解学生学习情况);二即课后作业布置"两要素":一是常规题,建议校内完成,二是对学有余力的同学出一至两道综合题。

这种既有明确教学目的,又有及时教学效果检测反馈,充分调动学生眼、耳、口、手、脑的课堂教学模型,已得到师生、家长及同行们的高度认可,现已成为学校教学的一张名片,多次参与市内外的专题展示活动。

2.为了全面实施素质教育,打造以"适合"为特征的第二课程文化,学校将"德育五点工程"(即读点好书、写点好字、唱点好歌、练点体育、做点好事)、学法指导、德品指导、劳动、安全、法制、卫生、剪刻纸艺术(民族团结)等纳入第二课堂必修课,通过排入课表,以班级为单位,实行"三定"(定教师、定时间、定任务),面向全体学生传授提高学生生活、学习质量的基本知识和技能,提高学生素质,全面实施。

为了给有兴趣爱好的学生和教师提供幸福教育平台,将围棋、航模、机器人、无线电、声乐等纳入第二课堂选修课程。在师资队伍建设上,我们采取积极吸纳和整合教师资源的方式,聘请社会各界有专业特长的人员、在职教师为选修课程兼职教师;在学生管理上,以学生社团群众性组织、学生会和校团委的多元化学生管理模式,打破年级和班级的界限,为有特长的学生搭建成长平台,参与教学日常管理,充分发挥学生的积极性、能动性,提高学生自主管理能力,增强学校主人翁意识。

关于学校文化

文化治校从某种程度上可以解释为"校本特色管理",或就校长而言,也可称为"个性化管理"或"创新管理"。

但一所学校究竟适合哪种文化,是需要思考的。

一些学校为校长文化适从,校长以个人之理解强输于全体教职工,如果这位校长是个思想型的、具有前瞻性思维的人,而教职工意识相对滞后,这种做法无疑是一种良策,多半出现于对根基薄弱学校的改造,见效很快。是"校长行,学校兴"的学校文化。

一些学校尊重教职工,展开全员大讨论,分析学校发展现状及方向,并根据大家意见,理出若干建设项目,并认真实施,让学生在进入学校之前就已知晓概况,学生及家长可凭此选择学校,这也是当前择校热、择班热、择师热的根本原因。从某种层面讲,学生家长选择适合发展的学校,这本身无可厚非,这样的情形多半出现在社会声誉好的学校,是"师为先,生从之"的学校文化。

在当前追求幸福、公平、均衡教育的大背景下,未来的学校文化的发展趋势是什么?

我认为未来的学校文化的主题应是"以学生之需为己任"的服务型、选择型、动态生存型的文化活动平台建设。

1.坚定"为学生发展奠基"的教育理想文化

既然是"奠基",就既要考虑学生的长远乃至终身的需要,也要考虑学生近期愿景。如果把学生的长远目标定为终点站,把应掌握的知识、技能、情感定为交通工具,那么为了追求三年或六年的阶段目标,他们可能会选择"自行车",因为它轻便,提速快,但可持续效果即耐久力较差;如果为了学生长远发展,则可能选择"火车",因为它虽然笨重、提速慢,但可持续效果即耐久力好。在此过程中,学生明确提出的近期目标,如期末考、中考、高考等,在不违背长远构划及教育良心的前提下,我们还应在许可的范围内尽力提供帮助。

2.坚持"适合+融合+理解"的教育理念文化

"适合"指的是我们的课程及活动要以学生实际为基础。

①要大胆进行分层教学尝试,既让基础好的学生"吃得好",又让中间层次的学生"吃得饱",还要让暂时落后的学生"吃得到"。在鼓励学生向高层次流动的同时,也尊重吃力跟不上队伍的同学"向后看齐"的做法,在学生合理流动的同时,一要设置条件,二要征求学生个人意见,尽量不做违背学生意志的事。

②要大胆行进教材重组,根据学生层次的不同,对教学进度、难度、容量分别设计,要因"层"而异,要让所有学生都在原有基础上有进步。

③要在第二课堂的设定上充分因人而异,必修课要做到"一个都不能少",选修课要做到前置调查问卷,根据学生需求及师资来动态开设。

目前,学校实行的"五项体育集体娱乐项目""民族剪刻纸艺术""围棋""无线电""航模"等数十门选修课,虽然无尖子、不华丽,但很实在,学生很享受,效果很明显,也侧面证明了学校的课程体系,特别是动态的非标课程体系是"适合"学生的。

"融合"指的是生生、师师、师生之间的整体和谐。人总是有差异的,无论是学生,还是老师,因为家庭背景、生活阅历、社会经验、知识能力等差异,可控范围内的"矛盾冲突"在所难免。

我们的教育不应如工厂的生产流水线一样只产生标准件,陶西平先生对柳州教育也给出了"大家不同,大家都好"①的启示,正如人的五个手指,如果一样长,必定不和谐,唯有长有短,才能使其分工不同,各司其职而又融为整体。

就学生而言,应尊重其不同的学习层次需求,顺应其不同方向的发展需求,因势利导,使其在原有的基础上都有收获。佩服、羡慕优生而不嫉恨抱怨;善待、认同差生而不排斥贬低。

就教师而言,应尊重其不同的学术观需求,既求大方向、大策略的统一,又要注意细节处理的"百花齐放",还要尊重其问题处理方式的"百家争鸣";既承认中老年教师的经验型教学,也应释放青年教师的尝试型教学,尊重失败才能收获成功,要有"失败也是一种成果"的研究韧劲。

―――――――

① 陶西平.大家不同 大家都好[M].北京:教育科学出版社,2012.

　　"理解"指的是"同理心",属于"精神文化"。要在师生中倡导三个层次的待人之策:其一,尊重他人的发言权,耐心倾听别人的发言是一种美德;其二,尽量站在他人的角度思考理解问题,努力理解、认同他人表达的含义;其三,明确向对方表明态度,即"我努力理解您的意思,但我有反对您意见的权力"。

　　在学校中,应对积极改革的教师给予支持,但对尚不认同改革的教师不能打压,可在理解的基础上逐渐转化。对新事物不能一开始就反对或完全赞同,应先试一试再表态,以事实说话是一种好办法,可以积极开展一些无结果预测的尝试,在尝试中寻找解决问题的办法,"光说不做"和"光练不说"都不是好策略。

当好领头羊

——管理活动中的相当长担当

"一个好校长就是一所好学校。"这就是说,校长对学校具有决定性的作用,那么如何做一个好校长,这是学校管理工作者需要研究的一个重大课题。

一、学校领导首先应是教职工的教育教学工作或部门工作的榜样,即在教师角色或管理角色这个层面应是优秀的,或是说在学校角色团队中是优秀的。

应有优于一般教师的职业精神及操守、教育教学理念、学科素养及课堂教学执行力、处理事务的策略及方式。

二、学校领导者还应是学校教职工群体人文精神的先进代表。

应是人文素养的佼佼者、学校事务处理中刚性原则与柔性变通的优秀结合者、学校利益分配的优秀协调者。

三、学校领导者应是事务决策的行家里手。

应具有与持不同意见者一道工作的高风格,有适度妥协、退让的高气度,有百花齐放、求同存异的大胸怀。

"会管人的人一定先会做人",并具备"能做好人"的勇气。做校长者,先做教师;做教师者,先做学生。教师把"先做学生"当成习惯,则其一定可以成为好教师;校长把"先做教师"当做习惯,则其一定可以成为好校长。如果我们的学校把这两种意识行为当作学校习惯,那么这样的学校一定可以成为好学校。

四、作为一校之长,必须思考"要做什么"。

要思考怎样才能够促进学校发展、怎样才能够促进教师发展、建设怎样的校园文化、怎样才能够依照法律治教、如何保证教师能孜孜不倦地学习、怎样才能够保证教学质量。作为校长,只有把这些问题思考清楚了,才能保证学校的发展方向,才能树立学校的个性发展特色,从而保证学校在激烈的竞争中具备竞争力和可持续发展的可能。

五、作为一校之长，还必须思考"为什么要做"。

要思考为什么建设好一支团结奋进的领导班子队伍对学校的发展很重要、为什么好的规章制度能保证学校不断进步、为什么必须坚持不懈地深入教学一线进行有效的指导、为什么时刻关心教师的工作、学习和生活情况能保证学校的活力、为什么善于发现日常工作中存在的薄弱环节能保证学校发展的动力、为什么学会与先进单位的（专家）学者有效沟通能保证学校的可持续发展力、为什么教育科研能保证学校有不断创新的激情。

六、作为一名校长，更必须思考"如何做"。

要思考如何树立明确的办学目标与发展规划、如何建全保证课程实施与改革的管理制度、如何建立促进学生全面发展和教师不断提高的评价制度、怎样进行学校教职员工队伍的建设、怎样进行校园环境建设、怎样改善办学条件、如何开展校内外课程资源的开发和利用。

七、作为一名校长，应该思考"做得怎么样"。

要思考如何评价学生的学、如何评价学习的过程（方法）以及学生情感态度价值观、如何评价教师的教、如何评价课程资源的开发和利用、如何评价多种媒体（不仅仅是计算机）的科学选择和合理运用。这些课堂教学中的过程性评价对学校的发展非常重要。

聚焦课堂 打赢质量提升战

老师同学们早上好！

新的一周又即将开始了，大家将迎来史上最短的一个学期，初一、二年级的暑假将于 8 月 1 号开始，初二的地理、生物中考也计划于 7 月 27、28 日举行。从严格意义上说，本学期留给我们的时间仅有区区两个半月，扣除双休日，剩余不足 80 天。在短短的时间里，我们既要完成进度又要注重质量，这就给我们全体师生带来了巨大的挑战。为更好地完成各项教学任务、确保教育教学质量，我在这里呼吁全体师生一定要认真聚焦课堂，提高效率，打好本学期的质量巩固提升战。

对于两个年级的重点班师生而言，我们要利用五月整月时间对本学期的知识，以专题复习的形式进行巩固和加深，请老师们和学生们务必重视，抓好每一个专题的复习。我们还要利用六月的一个月时间进行下一个学期的新知识学习，为后面的中考复习争取时间，因此也请这些重点班的学生和老师合理规划，有序推进。进入七月份以后，我们还会用利用 20 天的时间对本学期的考试内容进行强化复习，争取在期末考试中考出优异成绩。

对于两个年级的普通班而言，我们要把主要精力放在巩固和加强基础知识的记背和过关、全面消灭低分现象。我们不仅要对本学期的内容进行重新讲解、记背、一点点知识的逐一过关，有些班级和学生还有必要从初一年级开始，重新把最基础的知识学记回来。

对于初二年级的地理和生物两个中考科目来说时间更加紧迫，要求全体初二师生每天下午的记背时间，必须要认真听从老师指挥，服从安排，争取每天的记背知识点都能够当天过关。

为更好地聚焦课堂，打赢这一场质量巩固提升战，我们现在对全体老师提出如下要求：

一是要端正态度,服从安排。根据上级防疫指挥部和教育主管部门的要求,我们对学生的课程及日常作息时间进行了调整。住校生从早上6:15到晚上11:00,均有老师跟进管理,请所有老师严格坚守岗位,要按时到岗、尽心尽责,按规定任务执行工作指令,学生要服从老师的指挥和安排。凡发现有违反学校规定的师生,一律从重从严处罚。在课程设置上,我们每两节课后安排了一节半小时的自习课,目的是把上两节课的内容进行及时的巩固和消化,学生要利用这些自习课,迅速及时地把刚刚上课布置的作业认真完成,并且要求上午布置的作业上午交,下午布置的作业下午交。老师要及时批改作业,力争上午布置的作业下午讲评,下午布置的作业第二天上午讲评。根据防疫指挥部的工作指令,本学期凡是在功能区功能教室上课的,容易产生50个人以上聚集的课程,比如图、音、体、美、信等科目一律停止在功能区功能教室上课,何时恢复,请听从上级的统一安排。

二是要争分夺秒,抓紧一切可以利用的时间认真学习。根据防疫期间的工作要求,无论是在课间、教室,还是在宿舍,全体师生一律不得喧哗打闹,且要保持安全距离。因为远程学习的效果差异,个人水平参差不齐,所以希望在远程学习期间没有认真掌握知识的同学,要充分利用这不足80天的时间,争分夺秒,日以继夜刻苦学习,争取把落下的知识补上。师生都要树立知识天天清、节节课清、点点清的思想,不放过每一天的知识点,记不住不放学,每一天的知识点背不住不睡觉。特别是上学期考试成绩在40分以下的同学,更加要树立起记背知识的意识,更要有顽强的斗志。科任老师以班级为单位,要实行包干制,落实到这些学生身上,每天盯住这些学生。

三是要齐心协力查缺补漏,即进行每天检测、每周检测,并能够在每次检测后及时重新记背,达到考后100分。两个年级都要认真设计和落实好每天的记背内容,也要认真设计好每一周的检测内容,原则上要求每周检测的内容就是每天实际教学的内容,无论是在编排上,还是在形式、体例格式上都严格保持一致,让所有的师生特别是学生知道背哪里就考哪里,我们将根据每一周检测的实际情况,既对学生的掌握情况进行跟踪、监测、反馈和评价,也对老师们是否督促学生记背,从而达到预定的效果进行评定。

四是要注重劳逸结合,确保身体健康和身体素质锻炼。我们要求全体师生每天必须完成早晚1500米的身体素质锻炼。在进行身体素质锻炼时采取独立自由式,所以我们要求师生们在每天下午5:30和6:15放学后自觉进行每日三圈的跑圈任务,跑的时候不要扎堆,要保持一米以上的安全距离。根据防疫的要求,课间操和眼保健操均暂停,那么在课间的时候,同学们可根据自己的实际情况,进行眼部和身体素质的自我调理调节。

老师们、同学们,在上一个学期的期末考试全市统测中,我们初一初二年级均考出了好成绩。其中初二的政治、地理、生物学科成绩进步巨大,我们希望此次地理、生物科目中考,大家能取得更好的成绩。我们初二年级的总分 A+人数已经超过 50 个,超额完成了我们学校的特级目标,在此对初二年级,特别是地理、生物的卓越表现提出表扬,请其他科目向他们看齐。初一年级尽管仅仅入学了一个学期,但是也取得了巨大的成绩和成就,我们的 A+总分人数已经超过 40 个,开局良好。在这里我们也向初一年级表示祝贺。

希望全体师生再接再厉,充分利用我们争取回来的时间,想足、抓实、做细,经过这不足 80 天的高强度学习和训练,不仅把我们的教学质量巩固好,而且让其有更大的提升,超越兄弟学校,迈进城中区优秀学校的行列。

第三部分 **03**

教师经验实操案例

为了更高品质的美术教学

——美术学科教学思考

一、美术学科教学规范

美术学科应该注重课前导学,设计好课前展示及导入问题,让学生的思维回到课堂中来,引导学生积极思考、踊跃发言。

美术学科要以教学示范、动手实践、教师引导、学生创新、展示评价为基本环节,循序渐进地帮助学生熟练运用技法,不断增强学生的创造力及动手实践能力,增强其自信心。

美术教学要以动手实践为中心,根据学校现有的条件,全面培养学生的动手能力、审美能力、创造能力。

美术教学在打好基础的同时,应挖掘学生的创新思维,打破固有思维,在形式美的基本原则上,多方向地思考并解决问题。

美术教学在展示与评价的环节中,应该遵循鼓励原则,鼓励学生积极展示自我,鼓励学生在发现自己闪光点的同时学会发现他人身上的闪光点,相互学习、共同进步。

美术课堂应该强调课前准备。教师备课,准备好示范微课、材料、教案。学生备学,准备好课上所需材料,做好预习。学生可通过回家自行查找资料或与老师、家长共同商讨的方式准备好下节课所需素材。

二、美术学科课堂教学流程

美术学科教学流程遵循教前准备、课前导学、课中新授、课后展示与评价、当堂小结五大环节,以"微课导学"为基本操作模型。

（一）教前准备

1.学期开学前，根据《美术课程标准》的要求，制订好学期教学计划以及单元计划（学期计划中制定学期教学目标、教学要求、考核与评价，单元计划包括：单元教学目标、教学进度安排、教学内容、教学重难点、考核内容与评价标准等）。

2.提前一周完成教案的设计（教案应包括：课次、微课、教学内容、教学目标、教学重难点、教学组织与实施及课后反思）。

3.提前一周提供下节课需要准备的材料清单并与班主任和学生对接好。

4.对接学生，要求学生提前准备好课上需要的工具及材料或素材（如涂色工具、彩色卡纸、剪刀、胶水、收集的素材、铅笔、勾线笔等材料）。

5.对接班主任，由班主任协助授课教师，及时与学生及家委会沟通，购买备齐材料，为之后的教学活动打下基础。

6.班主任对接家委会，由家长与学生一起准备好上课所需的工具与材料。

（二）课前导学

1.做好课前四整理。

2.师生问好。

3.教师引导学生构建本节课基础知识框架。

4.学生进行技巧练习，教师提醒学生在动手操作过程中的注意事项。

5.教师针对本节课重难点知识进行讲解强调。

（三）课中新授

1.学生观看教师示范作品或视频，开始动手实践，可以尝试多种形式的合作互助。

2.教师带领学生一起去室外收集素材或写生（分组制定素材收集或写生目标，要求学生在规定范围、规定时间内收集齐素材或写生，并按时回到集合点集合）。

3.学生技巧练习及作品创作。

4.教师巡堂并从旁指导学生制作。

5.作品展示与评价。

（四）课后展示与评价

1.教师引导学生作品创新化、多样化。

2.作品的展示与呈现(学生自评、互评、上台展示,教师评价)。

3.列出下节课所需准备的材料。

4.举办学生优秀作品展,挖掘更多的创作形式。

（五）当堂小结

针对学生当堂表现、重难点知识以及实践中体现出的普遍性问题进行总结。帮助学生理解体会和对重难点再学习、再思考。

三、美术学科教学质量标准

（一）教师引导学生构建本节美术课基础知识框架。教师引导学生了解文化背景、知识技法、操作流程三个基本维度的重难点,联系生活实际帮助学生理解,进而掌握重点、难点知识。

合格标准:学生基本了解美术学科课程的背景,掌握基本技法并能结合实际体现在作品中,熟悉学科实践操作中的基本流程及技能技法并运用在作品中。

（二）美术学科是一门以学生动手操作实践为主体的学科,具有较强的可操作性及可塑性,教师在课堂上应该注重时间的分配,合理运用微片段教学,给学生充分的动手实践时间,把握好教学重难点。学生进行技巧练习,教师提告知生在动手操作过程中的注意事项。

合格标准:学生基本掌握本节课的重难点以及基础技法、学科工具的运用。

（三）美术学科的课堂需要教师到学生中去,关注每一名学生。教师从旁引导,从旁启发,最大程度地挖掘学生的创造力、想象力。

合格标准:学生能够通过动手实践,增强自己的创造力,开拓自己的思维逻辑,学会从多角度分析问题并解决问题,能够从生活中发现美,并体现在作品上。

（四）在美术课堂上立足于基本技能的同时还要引导学生作品创新化、多样化。可引导学生从身边出发、从生活中出发,提出具有辩论性的问题。锻炼学生自主探究的能力,碰撞出思维的火花。

合格标准:学生动手操作制作作品的过程不仅仅只是模仿,能够体现自己的创意,有自己的想法,在符合形式美的基础上,体现出不一样设计。

为了更高品质的语文教学
——语文学科教学思考

一、语文学科教学规范

语文除了要落实"前中微片段教学"规定并规范执行外,还要具备语文学科的"前中逻辑特点":

语文课要从朗读开始,遵循听读、跟读、自读、齐读的过程,最后融入体悟情感,以朗诵结束。

语文课要从写入手,遵循抄、默、造写字句、仿写片段的过程,直至建构整写。

语文课要以说为载体,遵循复述原文、归纳大意、美句鉴赏、抒发情感的过程,直至能说会道。

语文课要对听读、说写、背记进行综合运用训练,遵循分块练习、统整训练、周期测评的过程,直至达到质量标准。

语文课在实施过程中,既要考虑每课全面覆盖式教学,也要考虑每课侧重选择性教学。

二、语文学科课堂教学流程

语文学科要培养学生的听、说、读、写的能力,更应具备"前中逻辑特点":

1.语文课从课前"四整理"开始,教师利用微片段指导学生朗读重点字、词、句、段;复习旧知;检测预习,让学生迅速融入课堂。

2.语文课遵循"先读、再说、后写"原则,学生通过形式多样的"读",先感知内容,复述原文,归纳旨意;再读出感情,鉴赏好词美句;最后读出体悟,有感而发;最终构建"抄、默、仿写、创作"逐层深入的写作体系。

3.语文课要对听读、说写、背记进行达标检测。课堂最后5分钟利用微片段测试形式对上课的知识点进行检测。逢错必纠、反复训练,直至达成质量标准。

三、语文学科教学质量标准

语文要培养学生达到读有所感、品有所悟、写有所乐、学有所获、答有所范这五个标准。

在老师的指导下,学生能够理解课堂的三维目标,明确学习的重难点,跟随教师的授课思路。不能明确课文的重难点为不合格,能明确重难点且能跟随老师思路为合格,能确定重难点并自行解决为优秀。

"读有所感"是在老师的指导带领下,学生能读准字音、抑扬顿挫,做到熟读成诵,直至能背诵默写。默写错一个字为不合格,默写全对为合格,默写全对且字迹工整为优秀。

"品有所悟"是在读的基础上,通过老师的引导,学生能抓住文中关键字、词、句、段来品析,体验作者情感,直至能说会道。含糊不清的回答为不合格,能清楚说出关键手法、效果及情感为合格。

"写有所乐"是完成老师布置的抄、默、造写字句、仿写片段的练习,学生能通过练习完成建构整写。中心不明确、结构不完整、语言不通畅、字迹潦草为不合格;有明确的主题、结构完整、语言通顺、字迹清楚为合格;中心突出、结构严谨、语言流畅、能运用多种写作手法、字迹工整为优秀。

"学有所获"是通过老师的指导,学生能归纳出学习语文的方法、技巧,并解决相关的练习题,直至能学以致用。不能运用所学知识回答问题为不合格,能答出问题中的关键点为合格,能灵活运用所学知识、作答语言流畅、字迹工整为优秀。

"答有所范"是在老师进行了规范的答题指导后,学生能通过反复练习,达到掌握答题规范和技巧的水平。答题不规范、知识运用不正确为不合格;所用知识点正确、答对要点为合格;知识点运用正确、答题格式规范、字迹工整为优秀。

为了更高品质的数学教学

——数学学科教学思考

数学教学要遵循识记、练习、讲评、背记、检测、纠错六环节。

识记指的是对新知识的理解及掌握,此部分的教学要遵循"先找后教"原则,即老师提出任务目标—学生读课本找内容—老师讲授。

练习是对识记的检测,此部分的教学要遵循"先做后纠"原则,即老师提出内容范围—学生独立解题—老师纠正。

讲评是识记及练习的综合,此部分的教学要遵循"错题导向"原则,即针对学生错题,教师讲授,学生听记。

检测是判断本节课目标是否达成的标准,此部分的教学要遵循考试实战原则,即在规定时间内、以规定格式完成。

纠错是检测过后的再学习,此部分的教学要遵循"逢错必纠"原则,即重写、重练、重背、重测,直至达到质量标准。

每个教学环节均应遵循教师展示任务(用微片段课件)、学生独立尝试(教师巡堂)、结果展示(学生讲、教师评)的流程。

教学素材应在课本、教辅中整合并全备课组统一,同一类型题至少准备三道,以备"一练二讲三再练"的需要。

一、数学学科教学规范

数学除了要落实"学校微片段教学"规定并规范实行外,还要具备数学学科的"学校逻辑特点"。

1.落实国家标准。教学上紧扣课程标准,不超纲、不脱纲。遵守师德师风,爱岗敬业、身正为师、学高为范,在各方面做学生的老师、示范。

2.根据学情择试题。老师们可通过检测、提问、作业反馈等手段了解学情,在课前选择符合学生学情的题目,上新课时讲解。也可利用作业反馈或学生提问,引出新课。

3.每课制作微片段。定好教学重难点,选取题目并把重难点的题型制作成微片段,上课播放给学生看,同一个微片段不同的播放,可起到不同的作用。

4.课堂尝试研学情。老师可从学生的尝试过程中,判断学生的知识储备,选定最近发展区,达到让学生"踮踮脚就能够着"的程度是最佳程度。

5.师生合作探新知。在数学课堂上,要根据学生现有的知识,通过引导、点拨等手段全面培养学生探索新知、合作学习的技能。

6.自主练习固新知。在课前给学生选好练习题,知识点探索完毕就可以让学生去具体练习,巩固所学知识,并且可以通过练习查缺补漏,把自己还没完全掌握的问题暴露出来,并尝试解决从而有更深的印象。

7.师生点评共小结。在做完练习后,将学生容易出现的问题进行总结,可以教师总结,也可以让学生小结,达到讲一题、练一题、得一类题的效果。

8.课堂小测夯新知。总结完要通过课堂检测了解学生的知识掌握情况,检查学生基础知识是否过关。

二、数学学科课堂教学流程

根据数学学科特点,保证教学质量,教学流程可分为以下 10 个环节:

1.提前一周备试题。体现出数学学科选题的重要性,具有代表性的、经典的题目,可以让学生做一题得一类题。在一堂课里使用统一的情境,不但能提高学生的学习兴趣,还能使课堂浑然一体。

2.分层次制作微片段。根据各班学情不同,设置不同的情境、梯度,将学习兴趣和难度设置在适应的范围,保证教学有效性。微片段的制作可让老师熟悉教材,练习讲解,制作出来的微片段还可以重复使用。

3.展示课堂任务。以问题为导向的课堂,不但可以增强学生的积极性,还可检测课堂的有效性。明确、具体的任务可以给学生有效的指导。

4.学生尝试解题。学生是带着知识储备走进课堂的,在学习新知之前,学生往往能运用旧知解决部分、甚至全部问题,让学生先尝试解题,是发挥学生学习主体的重要手段。

5.师生合作探究。老师是学习的组织者和带领者,老师最应该出现的环节应是引导和归纳。教会学生运用知识将思路越推越远或另辟蹊径,是老师在课堂上的重要作用。

6.示范解题格式。通过老师的引导,学生可以理解答题思路,但往往在书写上失分。解题格式的展示可以教会学生规范而便捷地答题。

7.学生自主练习。练习就是体验过程,听、看往往能达到20%的学习效果,而读、写能达到80%的学习效果,学生自主练习应该占整堂课的大部分时间。

8.师生课堂小结。数学是学方法的学科,从特殊事件中抽象出一般规律,再通过一般规律指导同类事件,这就是我们学习数学的目的,也是数学课堂的核心。

9.限时课堂检测。课堂检测是数学课的必备环节,不但可以检验学习任务的达成度,还能检验学生的书写格式。没有检测的数学课,就像是不问收获的耕耘。

10.本课作业布置。数学学科的容量大、变式多,作业的作用就在于将瞬时记忆转化成长时记忆,用学会的方法解决多个情境下的问题。

三、数学学科教学质量标准

前中数学学科教学质量标准分以下8点:

1.备好试题师先做。老师先做好试题是课堂教学的最低标准,只有先做好试题,才能思考如何讲题、如何变式、如何归纳等。

2.课堂微课可重复。微课的重复利用是微课教学的优点,让学生带着不同的问题听微课,可以达到不同效果。第一遍听思路,第二遍看格式,第三遍纠细节等。

3.少讲多练有重点。数学能力是靠学生练出来的,不是学生听来的,给学生足够的时间做练习能保证足够的体验感。数学题的变式多、题量大,老师应在重点题目的重要节点做点拨。

4.学生已会师不讲。学生拥有一定的知识储备,一般的基础题,或学生能自主解答的题目,老师不必赘述。

5.学生不会仔细教。老师的作用主要应该体现在点拨、引导、提示上,当学生解题出现卡壳,思路不畅时,老师要仔细讲解。

6.作业试题全批改。作业不但是检测学生复习效果的工具,更是老师、同学交流的平台,老师可以从作业质量看出学生的学习态度和知识点缺漏,也可以通过作业上的批字及时进行鼓励和纠正,甚至可以对本堂课、近期表现做评价,拉近师生关系。

7.错题难题重点讲。为提高教学的针对性,重难点题目要侧重讲解,通过分解图将复杂题目拆分成一道道简单的题目,再通过知识点串联起来,降低难度,提高学生的理解力和解题策略。

8.再讲再练会为止。学生练习做多以后,就可以发现,其实错漏的知识点、题型相对固定,老师要在一定时间内对错题反复出题、变式,让学生弄通为止。

争创美好课堂

在管理方面,提出了"守正推新,提质增效"的工作目标。这其中的抓手就是"强师固本""创建五好课堂"。

一、标准化就是流程规范化,就是计划、实施、指导、监督、评价、反馈的工作步骤及内容明晰化。

二、守正推新就是守"教学优先"之正、推"五好课堂"之新,就是所有工作的主次、重点、核心及突破点。

三、提质增效就是使工作有更优质量、有更大变化。就是想得更足、抓得更实、做得更细。

四、创建五好课堂就是工作主阵地在课堂。就是"一切为了学生""从教师中来,到学生中去""学生学得好,那才是真正的好"。

五、五好课堂的内涵

1.党员模范好课堂:党员要站在"疑""难""紧""重"之前,"首干在我、攻坚在我""不达目标不罢休"。

2.干部示范好课堂:干部要率先垂范,身先士卒,当好标杆,让自己所做的事可学、能学,可复制、可推广。

3.教师规范好课堂:教师要标准统一,课课如一、日复一日,使每课操练流程固化,每天学习步骤一致。

4.家校联动好课堂:家长也是教师,也要给学生上课,要把自己的工作经验、生活阅历、家风家训拿出来分享。

　　5.社会实践好课堂:走出校园去实践,才能劳教结合、研行统一,才能"爱家爱国爱世界",才能检验真知、创造美好。

为了更高品质的生物教学
——生物学科教学思考

一、生物学科教学规范

生物除了要落实"学校微片段教学"规定并规范实行外,还要具备生物学科的"学校逻辑特点":

生物课要从课前准备开始。课前准备包括朗读(知识点的识记)、课前"四整理"、识记任务的检查。从这三点入手,对课堂知识点有一个初步的掌握。

生物学科要以复习旧识为切入点。导入新课之前,先练习回顾之前学习的新知识,循环滚动复习并且辅以必要的练习。

生物学科要以练习、纠错、总结为基本环节,练习遵循先做后纠、先练习后总结的原则。通过基本环节使学生对知识点有进一步的掌握。

生物教学要以实验为中心,生物学科是一门以实验为基础的学科,在生物课堂上,要根据学校现有的条件,全面培养学生掌握生物实验的基本技能,通过实验寻找规律。

生物教学要着眼基础,积极拓展。率先打好生物学科基础,此后,可通过亲近大自然、了解生物圈等课外实践活动进行拓展,锻炼学生的观察能力、操作能力和劳动技能,还能加深学生对自然美和科学美的感悟。

生物课后作业要以"学校课堂微片段"进行课后作业的布置。在课后要紧紧依靠实验,学会积极拓展。学生可通过回家自行查找资料、图书馆借阅资料的方式完成课后作业,下堂课可以以小组汇报的形式进行反馈,以此加强学生自主学习和合作学习的能力。

二、生物学科课堂教学流程

生物学科教学流程遵循预学抽查、实践操作、实验归纳、总结反思、练习讲评五环节,以问题导学为基本操作模型。

预学指的是上课之前对新知识的初步理解,即教师布置课前任务、学生完成课前自主预习以及课前知识点的识记,老师正式上课时对识记的内容进行抽查。

实践操作是指在掌握基本实验操作的前提下,联系日常生活实际,由学生自己动手操作,将课堂内容联系到生活中,此部分的教学原则遵循以学生动手为主,教师进行辅助教学的原则,培养学生的实际操作能力。

实验归纳是指对本节课的目标知识点,按照实验操作的基本环节进行操作后,根据学生在实验操作的过程中遇到的问题进行讲解,此部分教学原则为老师布置任务、学生寻找规律和提出问题。

总结反思是学生预学、实践操作、实验归纳之后的再学习,学生解决上一环节中提出的问题,也可通过总结反思来基本掌握本节课的知识点内容,此部分教学遵循教师点拨、学生为思考主体的原则。

练习讲评是指对学生知识点掌握情况的检查,即学生独立解题,老师进行讲评纠正。根据课堂练习情况,反复对课堂实验内容进行复习,此部分教学遵循先做后纠、学生自主学习的原则。

每个教学环节都应以目标导学为原则,目标导学可以让老师对学生的知识传递更加精细、准确。教学素材应在课本、教辅、教案、教学课件中整合并全组统一。

三、生物学科质量标准

1.教师引导学生通过观看微片段进行知识点的识记,运用生物学知识与生活实际相结合的方法,教授学生以生物学科的实验探究方法关注问题、了解问题。

合格标准:掌握生物学科的基本概念、原理和规律等基础知识,了解初中阶段应了解的植物、动物、微生物;了解人体的构造、人体各器官的作用;关注生物学科的最新进展,能举例说出这些知识与现实生活的联系。

2.生物学科是一门以实验为基础的学科,教师在生物课堂上,要根据学校现有的条件,展示生物实验操作流程,学生模仿操作,进而掌握生物实验的基本技能。

合格标准:掌握科学的基本实验操作,包括显微镜的使用、实验药品的辨别和使用、实验用具的选择、实验操作的规范以及实验的安全。

3.教师通过实验讲解科学探究六大步骤——提出问题、作出假设、设计实验、实施实验、得出结论并且讨论与交流。

合格标准:在实验时,学生能够从生物学的角度提出问题,根据问题作出正确的假设,以假设来设计和完成实验并尝试从实验结论中联系实际。

4.教师生物课堂要着眼基础,积极拓展。可通过亲近大自然、了解生物圈等课外实践活动进行拓展,锻炼学生的观察能力、操作能力和劳动技能,还能加深学生对自然美和科学美的感悟。

合格标准:学生每学年能够外出进行一次野外实践并撰写一份野外实践报告,能够发现现实世界中的生物学问题,针对特定的生物学现象,具有自主探究的能力。

为了更高品质的英语教学

——英语学科教学思考

一、英语学科教学规范

英语课堂教学要遵循背默检测、听力训练、口语输出、阅读训练、写作引导、语法点讲解和习题检测七环节。

背默检测指的是进行之前布置的课文段落默写或者单词默写。

听力训练是根据课文内容合理安排听力训练，听前扫清词汇句型的障碍，听力训练要有梯度，符合中考要求。

口语输出是对新授的重点句型做句型变换，再进行大面积口头输出练习。

阅读训练是指引导学生运用阅读技巧，包括略读、速读和细读等，训练学生的英语思维，提升学生的阅读能力。

写作引导是通过想、列、联、美、查五个步骤，教授学生英文写作的思路，训练其写作方法。

讲解语法点指的是讲解本模块的单词及其拓展语法点，根据各班的情况决定实际拓展的内容。

习题检测是在讲解完语法点以后针对重难点和易错点立刻呈现对应的习题，讲练结合。在下课前五分钟布置5道左右的习题，检测上一节课学过的内容。

二、英语学科课堂教学流程

英语除了要落实"学校微片段教学"规定并规范执行外，还要具备英语学科的"学校逻辑特点"：

1.英语课要提前一星期备好课，精心制作图文并茂、逻辑清晰的PPT，让教师要传达的思维可视化。教师每周讲解 10 道中考题,在课堂检测中加入中考题让学生练习。

2.英语课要注重听力训练,听前扫清词汇等障碍,设置有梯度的听力习题。遵循精听、再听的过程,引导学生掌握听力技巧。

3.英语课要重视口头输出训练,把握重点句式,教师示范后,学生套用句式,反复操练。利用思维导图引导学生复述课文。

4.英语课要以读为载体,运用听读、跟读、齐读、分角色朗读等方式,让学生读课文时朗朗上口。

5.英语课要进行写作综合运用训练,从词到短语到句子再到篇章,进行"想—列—连—美—查"五步训练。

6.下课前五分钟完成 5 道中考题,教师及时批改,统计得分情况,下节课进行讲评和再练。

三、英语学科教学质量标准

(一)听的评价标准

1.听前教师扫清生词和句型的障碍,播放录音两遍,学生能听懂录音大意,定位出答案的关键词为合格。

2.在学生听懂的基础上,教师引导其深入理解对话信息,推断出言外之意,选出正确答案为优秀。

(二)说的评价标准

1.教师进行带读和纠音,学生能根据音标读出文章出现的新词为合格;教师播放课文录音,学生能角色扮演,朗读课文为优秀。

2.教师呈现重点句式,学生能够复述课文原句为合格,运用重点句式造句为优秀。能根据课文语境逻辑进行简单对话为合格;能发散思维,进行拓展对话为优秀。

(三)读的评价标准

1.教师进行适当地引导,学生能定位关键词句,读懂文章大致意思为合格。

2.教师设置阅读理解题型帮助学生概括文章主要内容,梳理文章脉络,呈现出思维导图,使学生能够精读每个段落,理解句子之间的逻辑关系为优秀。

（四）写的评价标准

教师举例教授学生如何确定作文的人称和时态，列出得分要点为合格；教师引导学生将所有要点连成通顺的段落并使用正确的衔接词呈现清晰的逻辑关系，检查语法及词汇无误后，誊抄到答题卡上为优秀。

（五）背默的评价标准

教师引导学生堂上课文背默，控制时间在两分钟之内，之后让学生背默一段话，控制在 5 个错误以内为合格。

（六）习题的检测标准

1.教师进行堂上重难点和易错点习题检测，请一列或一行学生堂上作答，正确率达到70%为合格。

2.下课前五分钟"堂堂清"5 道中考题（前一天学过的内容）检测，正确率达到70%为合格，90%为优秀。教师及时批改并统计失分情况，下节课进行讲评和再练。

为了更高品质的音乐教学

——音乐学科教学思考

音乐课应遵循听名曲、赏意境、跟唱(奏)、独唱(奏)、合唱(奏)的流程。

听名曲指的是用音乐起课,一是可以让学生入境,二是可以让学生入静,三是可以让学生入课,积淀上课氛围;赏意境指的是用情感串课,一是引导学生思乐感、增乐识,二是引导学生思考乐曲背后的故事,三是引导学生以乐审世事;跟唱(奏)、独唱(奏)指的是练耳试唱(奏),一是会听,二是会唱(奏),三是不必求标准(每个人音律音阶感不同,后天努力程度也不同),会自娱自乐即好;合唱(奏)指的是合声合奏合群,一是培养学生入群、有团队规则意识,二是培养学生利群、有利他助他思想,三是培养学生促群、有奉献争优精神。

一、音乐学科教学规范

音乐要落实"班班有歌声"的音乐氛围,以"会唱一支歌""会一门乐器"为标准的普适性教育,同时还要具备音乐学科特点:

音乐课要从课前准备开始。课前准备包括课前"四整理"、练声、课前启发。从这三点入手,将学生提前带入课堂情境中。

音乐学科要以演唱为主,通过教师示范、视频欣赏、学生独唱、男女生对唱、师生合作演唱、合唱、齐唱等多种演唱方式,让学生开口唱、尽情唱。

音乐学科以练习为中心,教师引导,通过多种教学活动,对学生的音准、节奏、乐感等进行多方位训练,开发学生眼耳口手脑的全面协调,从而激发学生对音乐等领域的探索求知。

音乐学科以鉴赏为引线,贯穿整个音乐教学活动。音乐在于提高学生对美的鉴赏能力,从而做一个"美"的人。通过对不同的音乐作品的欣赏、探讨、分析,提高学生的音乐鉴赏力。

音乐学科要注重培养学生的创造力,通过教师的引导、学生的实践、不断的交流,培养学生的音乐创造力。

二、音乐学科课堂教学流程

音乐学科教学流程遵循课前准备、实践练习、活动贯穿、总结反思四环节,以"实践练习"为核心环节。

课前准备主要包括:课前"四整理"、开声练习、音乐热身活动。课前准备得越充分,课堂教学的成效越显著。

实践练习是课堂教学最核心的部分,贯穿了整个音乐课堂。实践练习主要包括:教师的示范、学生的视唱、视奏等等,学生通过不断地实践练习、教师的不断指导,逐步掌握本节课的知识点,同时也在不断地练习中,巩固了本节课的知识要点。

活动贯穿是音乐课堂中不可或缺的一部分,一节成功的音乐课离不开精心设计的音乐活动。通过音乐游戏、活动内容和环节的设计、小组合作等方式,增强课堂的趣味性和活跃性,同时将本节课的重难点在活动中突破,降低教学的难度,打破单一的教学模式。

总结反思一节课的点睛环节,对本节课的知识进行归类、对本节课的优缺点进行点评、提出对下节课的期待等等,都涵盖在这一环节当中。学生能够在这一环节跟着教师的总结进行自我反思和启迪,不仅是知识点,也可能得到其他方面的感悟。

每个教学环节都应遵循以学生为主体、教师为主导的目标教学。以"德美向善"的办学理念为核心,以"会唱一支歌""会一门乐器"为标准的普适性音乐教育。让学生在轻松、愉快的音乐课堂氛围中得到情感的体验和美的享受。

三、音乐学科教学质量标准

1.音乐是一门声音的艺术,"唱"是最直接的音乐表达方式。学生通过运用不同的音乐唱法进行演唱,从而抒发内心情感。教师通过课堂教学,引导学生善于用歌声表达和传递情感,用正确的方法放声唱。

合格标准:"会讲一支歌""班班有歌声"。掌握初中音乐学习的方法,学会用正确的方法放声演唱。

2.音乐学科是一门以实践练习为基础的学科,器乐的学习往往更能激发学生的实践欲望,教师在音乐课堂上,要根据学情分析,因材施教,教师示范,学生模仿,从而掌握基本的演奏技能。

合格标准:掌握正确的演奏方法,在演奏器乐作品时,要用正确的站姿、发声方法、演奏方法进行演奏,音准到位,旋律悠扬。

3.音乐学科同时也是一门视觉与听觉的艺术。教师引导,通过从音乐创作背景、音乐要素、情感等方面对不同音乐作品的鉴赏,提高学生的鉴赏能力。

合格标准:能够从对音乐作品的节奏、速度、力度、情绪等方面进行分析,了解乐曲表达的情感。

4.音乐学科是一门创造性极强的学科,教师通过范唱、范奏,学生进行模仿,在实践练习中发现问题、提出问题和探索解决问题的方法,生生间、师生间通过合作、探究,可以不断地对音乐进行再创造。

合格标准:对节奏、歌词、旋律进行改编、创作,对音乐作品进行赏析。

为了更高品质的物理教学

——物理学科教学思考

一、物理学科教学规范

物理课堂教学要遵循"创设情境—师生实验—微片段点拨归纳—应用达标"。

创设情境：结合生活实际，创设合理的物理教学情境。通过启发性的问题，激发学生学习物理的兴趣。

师生实验：可采用"教师演示实验""学生展示实验"和"学生分组实验"等方式，让学生经历探究的七个环节，建立物理概念，寻找物理规律。

微片段点拨归纳：由教师或教师指导学生对本课的物理概念、物理规律、物理方法进行整理归纳、总结提升。

应用达标：学生训练时间不少于 10 分钟，练习内容涵盖本节课知识点，有梯度。

二、物理学科课堂教学流程

物理除了要落实"前中微片段教学"规定并规范执行外，还需具备以下教学规范：

备课要求：

1.通过"集体备课"，提前一周备好课。

（1）根据课程标准明确重难点，构建知识清单。

（2）教师完成对应的练习，预判学生的易错点。

（3）确定典型例题，"一题三练"。

2.课堂教学中的记背训练

（1）知识点的记背：利用知识清单通过读、背、默完成知识点过关检测。

（2）实验探究的记背：整理重点实验探究，明确实验器材的选择和使用、实验方法的体现、清晰的实验步骤、规范表述实验结论。

3.课堂教学中的练习训练

（1）通过"微片段教学"进行典型例题讲解。

（2）典型例题通过"一道变式""一道拓展""一道检测"的"一题三练"形式进行当堂检测。

4.错题重现

收集整理学生平时作业或考试中的易错题，在周测或月考中进行重现。

三、物理学科教学质量标准

物理学科教学质量标准分以下五点：

1.记背清单循环检测。利用"学校微片段教学"制作每节课的内容知识清单，涵盖物理量的符号及单位、物理的计算公式、物理的定义、基本概念和基本规律。通过课堂检测、每周复测、单元复测三种循环检测方式落实。合格标准：一类班级正确率达到90%，二类班级正确率达到70%。

2.学生必做实验重点默写。学生必做实验分为基本操作类实验、探究性实验、测定性实验，通过实验例题的形式设置情境再现，对实验器材的选择及注意事项、正确的实验步骤及可能引起误差的因素和实验改进、实验结论的规范性表述等以填空题的形式出现，帮助学生更清晰地理解科学探究的环节。合格标准：一类班级能正确进行实验操作、规范写出实验结论，能对实验装置改进和避免或减少误差的方法提出自己的建议；二类班级能正确进行实验操作、规范写出实验结论。

3.典型作图专项检测。物理的作图题在中考题型中占4分。涉及光、力、电与磁四个方面，通过"前中教学微片段"的形式，进行专题讲解，通过作图题专项训练和检测的方式测评。合格标准：一类班级示范例题正确率达到100%，专项检测正确率达到80%；二类班级示范例题正确率达到70%。

4.典型例题"一题三练"。通过"前中教学微片段"的形式讲解典型例题。学生反复观看，针对性训练"一道变式""一道拓展""一道检测"的"一题三练"形式开展。合格标准：一类班级完成变式正确率达到70%，完成拓展正确率达到60%；二类班级完成例题正确率达到70%。

5.作业和错题重现。教师通过一周前练习易错点预测、批改后错题统计等方式收集整理学生的错题,在周测或随堂检测中进行错题重现监测。合格标准:一类班级正确率达到90%,二类班级正确率达到70%。

为了更高品质的地理教学

——地理学科教学思考

一、地理学科教学规范

地理除了在落实"学校微片段教学"规定并规范执行外,还要具备学校地理学科的"讲练结合,图文并茂"的特点:

1.地理课要贴近生活,每学期组织一次地理研学旅行,发挥学生主体作用,让学生走进自然,从地理角度去分析生活中的地理现象,关心生活环境,关爱家乡。

2.地理课要提前一周备课,准备上课所需的课件、微片段等。地理老师要熟知地理中考题,要做过近五年地理中考题。

3.要严格执行前茅中学每日地理记背工程,监督学生完成每日记背和每日默写任务,严格把关,记背不达标的要及时督促学生重新记背。

4.地理课堂要从读图、识图入手,利用幻灯片和投影等方式,学习识读地图册、景观图、示意图、剖面图、统计图、统计表等。如从经纬网地图中判读区域的经纬度和半球位置。从分层设色地形图中,根据颜色判断出区域的地形地势特征。

5.地理课堂需要板图与板画,边讲边绘,绘制板图与板画轮廓逼真,形象生动,设计合理。

6.地理课堂要设计具有地理逻辑的板书,概括性强,条理清楚,重点突出,地理现象与影响因素的因果关系一目了然。

7.地理课堂要进行地理演示实验,如地球自转、地球公转、板块运动等,要充分利用地球仪、多媒体播放器等教学器材,分过程将地理演化过程重现,加深学生印象。

8.地理课堂要随讲随练,对难点进行讲解,使用地理术语,语言准确、科学、简洁精练,语调快慢适度,尤其是在叙述地理事物、现象、特征和分布时要放慢语速。要通过选择题、读图分析、填空题和填图题,巩固和完善对地理知识的理解。

二、地理学科课堂教学流程

地理学科教学流程要遵循朗读、识图、记背、练习、讲解五个环节。

1.朗读:指上课前和课堂中,学生整齐大声地朗读课文中每节课,文中的大标题,齐读介绍国家地区海陆位置、地形特点、工业分布和特点、矿产资源的和经济作物分布和特点的黑色字体文段,以及每节课中绿色阅读方框内的"阅读材料",在朗读的过程中,提示学生要将重要的词汇画上重点符号。

2.识图:是指教师要指导学生观察课本中的地图、图表,读图名、看图例,通过对比,可知某地物产、气候、地势在该区域上分布的范围和规律,通过不同区域地图进行对比,有助于学生对区域差异进行归纳,提高学生的区域认知和空间感。

3.记背:地理知识多而细,尤其是地名、区域位置、气候、河流地形地貌名称都需要学生进行深刻记忆。在地理课堂上,教师要帮助学生记背,通常采用联想记忆法、谐音记忆法、象形记忆法、对比记忆等方法记背。

4.练习:地理的练习以选择题和填图题为主,限时训练,练好即讲。地理每讲完一章节要及时进行检测,目的是让老师了解学生对知识的掌握程度,同时也让学生明白自己还有哪些方面知识的缺漏。

5.讲解:地理的练习讲解以鼓励学生给学生讲题为主,培养学生地理语感和分析表达能力,学生先讲,没分析好的由老师来补充,教师对练习和测试中暴露出的问题和要点进行精讲细讲。尤其注意从思路、规范、规律和方法等方面进行总结归纳。

三、地理学科教学质量标准

1.地理背景的标准

合格:学生能够从地理角度去分析生活中的地理现象,即观察家乡的天气变化、河流流向、地表形态等,并能描述出地理现象。

优秀:学生不仅能描述、在脑海中重现生活中的地理现象,还能根据地理现象的变化规律,概括出一般特征,举一反三。

2.读图识图的标准

合格:学生能够掌握基本的读图步骤:第一步看图名,第二步看图例,第三步看图注,说出地图中展示的地理事物分布特点,弯曲程度、疏密情况、范围广度等。

优秀:学生能够快速地利用读图步骤,找出地图中展示的地理物分布,不仅要求能够分析出该地理物分布的弯曲程度、疏密情况、范围广度,而且能够结合地形、纬度等地理要素解释呈现出这种分布特点的因果关系。

3.板图板画的标准

合格:能够参照课本将七大洲、主要的国家、地区的轮廓图、地形剖面图等主要类型地图,用简练的笔法描绘出来,只取神似,抓住特征、突出点说明地理问题。

优秀:能够闭卷将七大洲、主要的国家、地区的轮廓图、地形剖面图等主要类型地图,绘图达到线条流畅、简练、清晰,色彩鲜明,抓住特征,突出重点,说明地理问题。

4.地理审美的标准

合格:学生能够提升对地理事物、地理现象的好奇心和学习地理的兴趣,养成求真务实的科学态度和地理审美情趣,养成爱护自然环境的习惯。

优秀:学生在对地理事物、现象保持好奇心和学习兴趣的基础上,关注家乡柳州市的自然环境与发展,热爱家乡、热爱祖国,尊重地域差异形成的不同风土人情,提高对环境、资源的保护意识和法制意识,逐步养成关心和爱护地理环境的行为习惯,知道因地制宜、协调人地关系的意义,逐步形成可持续发展的观念。

5.地理方向感的标准

合格:在生活中,学生能够用指南针,或通过生活中"太阳从东方升起""北极星""夕阳西下"等地理现象判断东、西、南、北四个方向。在阅读地图能够在经纬网、有指向标的地圈上辨认方向,即面对地图,通常是"上北下南,左西右东"。

优秀:不仅能够在生活中、地图上判断东、西、南、北四个方向,而且还能在脑海中呈现主要的国家、地区和临近的国家、地区的名称,以及七大洲四大洋的相对海陆位置关系,能够利用纸质地图,在现实生活中快速找到目的地。

6.学生掌握地理学科知识的标准

合格:学生能够按要求完成每日地理记背,能够读图,从图中寻找答案,独立完成练习,答题正确率达到60%。

优秀:学生不仅能按要求完成每日地理记背,能够读图,从图中寻找答案,独立完成练习,解题速度快,且正确率达到90%以上。

为了更高品质的历史教学

——历史学科教学思考

一、历史学科教学规范

历史除了要落实"学校微片段教学"规定并规范执行外,还要具备历史学科的"学校逻辑特点":

历史课要从课前准备开始,提前一周备课,凡布置学生的习题,老师先做,课堂落实"四整理",初读识记内容,检查完成自学任务。

历史要以时间为主线,遵循起因、经过、结果、影响的流程,形成完整的历史结构。

历史课要以分析为基本,培养分析史料、探究问题、归纳史实的能力,养成联系纵横史观,尊重历史。

历史课应以感悟为中心,着眼于课堂(播放历史视频、老师讲历史故事)、立足于生活(学生演历史话剧),开展历史片段再现活动,在实际中进行课题研究,实现论从史出。

历史课应以启示为学习目标,通过导学、自学、合作讨论、内化的过程,加强对史实区分、评价判断、影响界定的培养,能够以史为鉴,学会从历史中吸取经验教训以发现自己。

历史课的实施中,要素材形式丰富(包括图片、文字、视频等史料),语言生动有趣(穿插历史小典故),引导学生主动说故事、讲历史,指导和督促学生动手做笔记,思考怎么从题目中发现并总结答案,充分调动学生的眼、耳、口、手、脑。

历史课在实施过程中,既要兼顾知识点的全面,又要侧重中考的考点,综合培养学生的背记能力、理解能力和分析能力。

二、历史学科课堂教学流程

1.课前一周备课,最好是备课组集体备一个历史时间段的课程,并做好预学微片段,任务性目标明确。

2.每周一道中考把关题,最好是按专题进行,以便知道中考出题规律。

3.每天用一种形式严抓三个重点知识点记背过关,如抽背、提问、默写等,力求学生掌握基本史实,了解事件及历史发展主线。

4.定好每课或每历史阶段课题研究主题,每月举行一次历史情景剧展示活动,从实际中以史为鉴,尊重历史,感悟历史。

5.每课分析一个重点或经典历史材料,形成规范性答题思维。

6.作业布置紧贴当天学习内容,题目类型以市统测和中考题型为主。

7.作业批改应在下次课前完成,及时批复,组内统一每次作业质量的评分标准。

8.日常练习、周测、月考试题根据前中微创新模式,结合历史学科特点,严格按照"怎么学怎么考"的方式出题,达到强化目的。

三、历史学科教学质量标准

历史学科教学质量评价要遵循了解、识记、分析、总结、感悟五要点,以最终感悟所得为核心。

了解,即学生对每课基本史实的理解和掌握,遵循学生根据导学及任务目标完成自学部分教师再讲授的先学后教原则。

识记,即对基础、重点知识的记背过关,遵循基础吃透、重点掌握、难点理解的全方位原则。

分析,即针对特殊史料和疑难部分的分析综合训练,遵循材料提示、学生分析、教师归纳的能力导向原则。

总结,即对本次课堂学习内容的小结,遵循起因、经过、结果、影响、评价的系统性原则。

感悟,即学生通过学习和历史再现获得的启示和经验教训,遵循历史纵横联系、以古鉴今、由历史发展到自身进步的习得性原则。

每个环节都应遵循教师出示任务(微片段或 PPT)、学生独立尝试、小组合作探究、结果考核(抽背、提问、默写、考试)的流程。教学素材应遵照课本、教辅、备课组统一。

　　学生通过学习,能够认识到历史经验教训和启示,并表述出来。在习得经验教训和启示的基础下,能够从历史角度看今天的社会发展,增强自我求真、创新意识和历史责任感,形成健全的人格和健康的个性品质,并在生活中表现出来。

为了更美好的政治教育

——政治学科教学思考

一、政治学科教学规范

政治课除了要落实"前中微片段教学"规定并规范执行外,还要具备政治学科的"前中逻辑特点":

政治课要从默写开始,做好课前四整理、预习内容情况检查,遵循默写、导学、自学、案例展示、探究分享、课堂小结、随堂检测的过程。最后融入价值观引导,以背诵重点知识结束。

政治课要以时政热点焦点为载体,借助前中开展的发现身边德美好师生的鲜活主题活动,联系所学、分析现象与情境、获得感悟。在认识、体验与践行中促进正确思想观念和良好品德的形成和发展。

政治课要从培养学生逻辑思维能力入手,遵循是什么、为什么、怎么做的逻辑思维顺序,有机整合道德、心理健康、法律和国情等多方面的内容,做到情感态度价值观的培养、知识学习、能力的提升和思维方式的掌握融为一体。

政治课教师要以每天关注国内外新闻,每周做一套中考题为常规师能训练,遵循老师解题、专家改题、学生练题的模式。把握中考命题和出题方向,提高编题、解题、讲题能力。

政治课要以前中开展的"微创新"为契机。将课前导学任务和课中典型案例、视频提前发给学生,帮助学生课堂高效学习,课后有更多的时间记背和训练。

政治课在实施过程中,既要考虑知识点的纵向深度,也要考虑每课与其他模块的横向联系。

二、政治学科课堂教学流程

政治课堂教学要遵循默写、导学自学、合作校对、案例展示、探究分享、知识小结、随堂检测、布置课后作业八环节。

1.默写:指的是学生课后背诵上一节课的重点简答题,一般1-2题,在本节课5-10分钟内完成默写并上交。

2.导学自学:是对学生自学能力的检测,此部分应由教师展示统一问题,再由学生在课堂上借助教辅,独立做好笔记,笔记应做到一记问题、二画横线、三标序号、四找关键词。

3.合作校对:是对导学自学内容的纠正。通过同桌或者小组互相校对,找出异同,教师给予点评,形成规范统一的知识点。

4.案例展示:精选时政热点、身边事例或者运用课本中"探究与分享"模块的案例,进行案例展示。

5.探究分享:案例展示后,教师从是什么、为什么、怎么做的角度,提出有效问题,引导学生运用导学部分所学的知识进行探究并分享。

6.知识小结:教师和学生共同归纳本节课知识框架和价值目标导向,此部分不仅要通过让学生画思维导图理清知识脉络,教师更要强调正确的价值导向,以培养学生正确的是非善恶的价值观。

7.随堂检测:教师在课堂上应把本节课的知识编成选择题、简答题、分析说明题、实践探究题四个题型,以训练学生的做题习惯和速度,学优生重点抓好主观题的解题技巧,学困生抓好客观题等基础题型。

8.布置课后作业:有默写和习题两个类型。

政治课堂的素材应该在教材、教辅中整合,并做到全备课组的统一。

9.周测、月考出题应以应知应会基础知识为重点,考后72小时内讲解,全班及时订正,不合格者针对错题反复训练,直至合格。

三、政治学科教学质量标准

政治课以社会主义价值体系为导向,为适应初中学生的成长需要,融合道德、心理健康、法律、国情等相关内容,旨在促进学生形成正确价值判断和良好品德素养,使其成为有理想、有道德、有文化、有纪律的社会主义合格公民。

1.阅读

课前教师根据教学重难点,布置学生做好了解课本知识框架、理清课本知识点、标记好问题三个步骤的预习任务。在学生阅读过程中,教师应给予学生指导,例如按照是什么、为什么、怎么做的思路找出原理或定义、原因与影响、措施与对策等。能阅读和理解课本知识,并整理出知识框架的视为合格;学生独立思考后能根据课本知识框架提出定义、原因、措施类的问题并解决问题视为优秀。

2.识记

老师在课前整理上点出课堂记背的重点题目,指导学生在课后通过小组抽背的方式让学生互相监督,自行进行检查并将情况反馈给老师,学生当天能背出老师整理的政治重点记背知识清单中的1—2题的视为合格,能够背诵并且准确无误地默写的视为优秀。

3.运用能力

老师在课程结束后精选一些题目并要求学生及时完成,能运用政治的原理、方法论解决课堂和课后上重难点和易错点习题的视为合格;学会面对复杂的社会生活和多样的价值观念,能以正确的价值观为标准,作出正确的道德判断和选择视为优秀;教师能通过自我观察和与班主任了解情况,观察到学生能运用课本所学知识理论联系实际,解决在成长中遇到的实际问题,促进自身健康成长的视为优秀。

择善而行,取上而向

——远程教学开篇寄语

大家早上好！今天是网络空间学习的第一天,这种全新的学习方式对我们来说是一种挑战！

在传统的班级授课的模型中,同学们只能按统一的教学步骤进行,黑板(屏幕)只有一块,老师只有一个,学得快的同学不能往前跑、跳着学,学得慢的同学不能慢慢学、重复学,因为进度只有一个;而在网络空间里,老师上传的是一周的教务任务串,每个任务串以微片段的形式,可以是一张 PPT,可以是一页 word 文档,可以是不超过 2 分钟的视频,学生在网上一打开(或下载后),就是一个定格的屏幕,一看就知道"要做什么",如听读写背练的内容、次数,一看就知道怎么做,如解题格式是什么样的、为什么是这个答案,一看就知道做的效果,如这节课的知识点有哪些、会怎么考。

在传统的班级授课的模型中,老师只能在同一时间统一下达同一个学习指令,只能在同一时间讲一个内容,而在网络空间里,由于我们把整个教学内容、流程剪裁成了一个个有先后顺序又相对独立的微片段任务,这时的课堂,可以按传统的课程一个一个步骤地执行也可以有更多选择。如接受能力较差的班级和学生,也可以让学生各选各的进度。接受能力参差不齐的班级,有些特别的学生,当大家还在研究同一个任务微片段时,他已经很好地完成了。在传统班级授课中,只能让这种同学等一等其他同学,待其他大部分同学也完成了,再共同往下一个任务。在等其他同学的时候,这种学习力领先的同学,要么无所事事,要么自己看看书,没有老师的指导,完全靠自己摸索。而在网络空间里,这种超前学生就不必浪费时间了,可以往下选择后面的微片段任务来看、练、思,因为每个微片段课件里都有老师的旁白、示范及讲解,就相当于每个教学环节及任务中都配备了一个老师。同样,学习力弱的同学也不必老被前面的同学拖着走,上一个教学微片段任务还弄不明白,就糊里糊涂地往下学,可以停在原来的任务上,重新看、多次学!这样一来,在同一时间,张三在看第七个任务,有个老师在录制好的片段里讲解,李四在看第三个任务,也有个老师在录制好的片段里讲解,那么,就全班同学而言,相当于每个人都配了一个辅导老师。就整堂课而言,快的同学学完了所有的微片段内容,慢的同学可能只学了其中一两个微片段内容,体现不同的人都有收获,采取的是不同的进度、达成的是不同的效果,关键是在课后,每个学生还可以根据实际,或从头重新学,或从中间某个片段再学,或只挑其中某个片段深入学。

那么,老师们在网络空间里怎么做呢?

对班级学生布置不同的进度和内容,学习力强的学生多一些、快一些!

在上课时只分派任务、收任务反馈、及时答疑、盯住个别学生,也可时不时用直播进行集中讲解。

在课后及时制作当天学情分析报告,补充疑难点回援讲解的微片段。

在课前及时发布预习预告及上节课学情分析报告。

老师们,我们正在进行一场改革,一场重新起跑的改革,一场变物理封闭学习空间为虚拟开放学习空间的改革,一场变班级模型上课单向顺序为离散模型上课多元次序的改革,一场变学生被动接受安排为主动自主选择的改革,一场变评价一把尺为一人一收获的改革,一场变老师讲得好为学生学得好的改革!

课堂贵在任务目标流程明确,教师贵在引学生思考、导学生收获,学生贵在会选择、会习得,管理贵在聚贤、广纳、善理!

所有的努力,都是为了那更美好的高品质,择善而行,取上而向!坚守为国育才心,在脚踏课堂实地中仰望!

学校依您前行！
——给前茅中学家长及学生的元旦寄语

今天，2019 年的第一天，前中田径队参加了柳州市元旦长跑活动，这些初一小队员敢拼敢争，丝毫不比其他学校初三的选手差，他们的表现充分体现了前茅少年的阳光精神，产生了良好的社会影响！

由此思及，自 2018 年 8 月 28 日以来，前中学子用他们的执着、谦虚、向善和他们的勤奋、慎思、向上，一天天地成长，成为了品学兼优的前茅英才：

暑期中，同学们自觉开始了小初的衔接准备，在短短的二十天里，把老师们为他们精心挑选的小学 4—6 年级的语、数、英基础知识点进行多遍的记背训练，为顺利开启初中学习做足了准备。

8 月 26 日，同学们开启了国防教育暨入学前行为规范训练，在短短的七天里，把老师们为他们精心设计的日常行为规范和初中课程学习要求进行了反复强化练习，为良好初中校园行为规范的养成奠定了基础。

9 月 2 日正式开学了，至 11 月 11 日，同学们又投入到了"百日德学共进行动计划"活动当中，在这整整一百天的学时中，从早读到午读、从课间到午托、从课堂到课后，一一熟知了规矩规范；从作业到复习、从反馈到讲评、从周测到月考，一一掌握了学知学能；从课间操到跑操、从体育课到阳光体育一小时、从美术课到"学生书法绘画手工创意作品展"、从音乐课到"迎新合唱比赛"，一一提升了素养素质。

11 月中旬至今，同学们在老师们的带领下，进一步规范了作息时间、上课流程、作业质量、课后巩固、阶段检测，努力尝试"微片段""微创新"的"双微"教学，学习有效性得到了切实提高，质量得到明显提升，不仅增强了同学们的兴趣，也使得教学更具针对性、可重复性，更模块化，还能方便家长及同学们随时复习再学再研。

忆奋斗往昔，硕果累累，感动人心的故事历历在目。2018，前中依您而立，优秀答卷皆因家校"同创共进"使然！

展前进今昔，信心满满，激励人心的事件历历可数。2019，前中倚您而行，品优质佳皆因家校"信仰力量"依然！

2019年，前中有城中区委、区政府的政策支持，有柳州市教育局、城中区教育局的正确指导，各级部门、各位家长的鼎力帮扶，必将更出色于教育，更优秀于社会！

前中将继续在柳高大学区长的具体指导下，依托"柳高英才培养前中工作室"，在教学科研、教学交流、竞赛型人才早期培养、初高中学段衔接教学等方面加快步伐，每周定期活动，使前中学子早受益、早出人才。

前中将继续在十二中河东北片学区长的支持下，依托"十二中中考研究前中工作室"，在课堂教学、考题研究、复习应试、促优补弱等方面深入推进，每周定期针对性训练，使前中学子提质提效、创新超越。

前中将继续在语文总监学韦薇（原十二中著名教师）、数学总监学余萍（原三十五中著名教师）、英语总监学李新娥（原十五中著名教师）的精心组织下，依托"城中区教育大讲堂前中分讲堂"，在学科教学策略、集备活动、师德师能等方面精益锤炼，每周定时组织，使前中学子知识更明、技能更实。

前中将继续在城中区教研室的支持下，依托"城中区教师适职培训前中基地校"，在新入职（包括新调入学校）教师的教学综合素养、教学统一规范、教学基本功等方面精准培养，分项高标准推进，使前中学子得师优优、从师厚厚。

2019的前中，必将师之善善、学之上上！

期待您一直支持！

让我们一起为2018年骄傲，

因为，我们彼此关爱！

让我们一起为2018年自豪，

因为，我们彼此帮衬！

让我们一起为2018年喝彩，

因为，我们彼此相惜！

让我们一起为2018年兴奋，

因为,我们彼此优秀!

有一种志,叫前中志:厚德、励学

有一种行,叫前中行:同创、共进

让我们一起期待 2019 年,

因为,我们必将更美好!

让我们一起期待 2019 年,

因为,我们必将更出色!

让我们一起期待 2019 年,

因为,我们必将更似一家人!

让我们一起期待 2019 年,

因为,前中就在那儿!

祝大家新年快乐! 家好! 人好! 事业好!

(写给 2019 年元旦全体前中人的致辞)

春至，美好正发生

——写给返校复学的师生

这是一个前所未有的假期：没有走巷串家的热闹，没有游山玩水的旖旎风光，没有呼朋唤友的聚会……

这是一个前所未有的假期：街道清静，商场寂静，餐饮娱乐场宁静，公园及风景区幽静……

这是一个前所未有的假期：清晨在家，上午在家，中午在家，下午还在家，晚上仍旧在家……

这是一个前所未有的假期：口罩告急，洗手液告急，消杀液告急，防护服告急，护目镜告急……

然而……

这也是一个英雄的假期：逆行的医生、护士、军人警察、快递小哥及各类志愿者……

这也是一个英雄的假期：一面面红旗，一件件物资，一队队车流，一辆辆专列，一架架军机……

这也是一个英雄的假期：一个个必胜的手势，一声声安抚的话语，一浅浅轻拥的鼓励……

这也是一个英雄的假期：那焦虑却坚定的目光，那流泪却坚毅的面庞，那忧心却笃定的誓言，那疲惫却前行的步伐……

你、我、他在这样的假期中，

是否触摸到了祖国的强大、党为人民的决心，

是否触摸到了民众的自律、爱国、自尊、护家，

是否触摸到了中华民族那不变的底色和传承，

是否触摸到了那最平凡、最朴实、早已深入人心的真善美……

学校、教师、学生、家长,在这样的假期里,

是否对学校教育的定义及功能有了更深的思考,

是否对班级的组织及德育的实施有了新的路径,

是否对班级的授课及学习方式的选择,有了不同以往的实践,

是否对学生及家长有了更不一般的沟通方式,

是否对教师的师能及综合素养有了新的诠释,

是否对学校的内部治理有了更新的思路,

是否对学校的外部环境及资源进行了更有利的调适……

这是一个催人思考和奋进的假期。

在学校教育功能的定义上,我们更有理由坚持德智体美劳全面发展的教育方针。

在学校课程的设置思考上,我们更应该坚持德育优先、全面育人的课程价值观。

在课堂教学的实施选择上,我们更有底气坚持从最后一名学生做起。

在师能的保障培养上,我们更应该侧重多元智能和综合素养的提升。

在学校文化及精神的凝聚上,我们更应该弘扬传统文化及信仰。

在外部环境的调适保障上,我们更应该注重共联共治、协同发展的效益。

春天已来,我们都应该立足当下、展望未来,共同构建新型现代学校,让每一位学生都能得到适合自己的发展和更加美好的未来。

我们坚信,美好正在发生。

充实岁月　不负青春
——寄语前中的青年教师

青春的容貌，

激情永绽放。

执着的追求，

勤勉永奋斗。

充实的岁月，

青春永不负。

前中的青年啊，

美好正发生。

盼望与期待着：

教学再提质，

热爱、尽职、享受，

到学生读思活动中去，

在学生记练活动中驻；

专业更精进，

积累、凝练、共享，

到学科专业思维中去，

在学科课题研究中驻。

盼望与期待着：

德品再显效，

身正、示范、引领，

到学生道德经历中去，

在学生信仰活动中驻；

生活更优雅，

体健、趣广、行乐，

到家庭和美共生中去，

在家庭家风家训中驻。

盼望与期待着：

生涯再规划，

务实、坚持、致远，

到职业创造创新中去，

在职业操守中驻；

学习更广博，

纵深、横联、致用，

到新知识场域中去，

在新标准建构中驻。

没有什么可以阻挡，因为青春！

没有什么可以退缩，因为执着！

没有什么可以消磨，因为充实！

在最美好的时代，

用最美好的奋斗，

展现最美好的青春！

愿青春常驻，祝美好永伴！

夏至，奋斗正当时

——献给返校复学的前中"神兽"

我们有多久，未能彼此拥抱；

我们有多久，未能彼此耳语；

我们有多久，未能手手相牵漫步校园，未能近身聆听老师的教诲，未能大展体育竞技拼斗技艺，未能……

我们盯着远程屏幕上讲课的老师，想班主任了；

我们盯着远程班会上发言的同学，想同桌了；

我们盯着远程学习空间里精美的作品，想亲手摸一摸……

我们想那二月的开学典礼上同学们久离重逢的嬉闹，

我们想那三月的艺术节上同学们创意缤纷的自信展演，

我们想那四月的远足中同学们不轻言放弃的坚持励志，

我们想那五月的郊游踏青中同学们放飞的青春激昂……

今天，我们回来了，校园从此不寂寞！

同学们，时间划过不能回，历史不会忘记：

中华民族的众志成城、国家的果敢坚毅、社会的同心维系、家庭的和睦共生、个人的自律自觉……

我们，刚刚从一场刻骨铭心的抗疫中逐渐康复！

同学们，时间划过不能回，历史不会忘记：

居家隔离的单调、白衣医士的战斗、每日数据变化的焦虑、调兵送物的支援、社区严守细核的艰辛……

同学们，时间划过不能回，奋斗正当时：

磨难让我们更团结、刁难让我们更自力、责难让我们更清醒、困难让我们更创新……

同学们，时间划过不能回，奋斗正当时：

为中华之崛起而读书，吾辈自强；为中华之复兴而读书，吾辈自立。国之栋梁在吾辈，社之栋梁在吾辈，家之栋梁在吾辈……

我们，是国家的未来，民族的希望，国家强大、民族昌盛，是同学们不可推掉的历史使命及责任！

同学们，时间划过不能回，奋斗正当时：

我们要争分夺秒提高时间效益，不浪费光阴；我们要博研善法提高学习效益，不虚度课堂；我们要强身理心提高健康效益，不透支生命。

学习、健身、安全防护，是同学们不可或缺的自律自觉！

春已去，夏已至，为更美好的秋实，为来之不易的复学，为己为家为国而努力，为强为盛为未来而奋斗，用辛勤的汗水、倾力的付出、高质的效益、优秀的成果，回报伟大的祖国！

努力吧！从此刻再出发！

写给即将来临的地生中考

还记得第一次走进前中的校门吗？还记得第一次与班主任见面吗？还记得第一次军训吗？还记得第一次班会课吗？

岁月如梭，时光荏苒，转眼我们就面临中考了。

我们怎能忘记竞选班干部时的紧张、运动会上加油时的激动、秋游时聚餐的快乐、生日时幸福的歌唱……

我们在这里奋斗，披星而起，戴月而眠，珍惜着那一分一秒的时光；

我们在这里奋斗，潜心思考，认真作业，钻研着那一题一卷的知识；

我们在这里奋斗，认真听讲，积极训练，储备着那一招一式的技能。

我们在这里一天天地长大，一点点地进步，一次次地努力，我们必须面对这即将到来的竞争和挑战。

我们响亮的晨读、流畅的午背、一字不错的晚默、紧张的周测月评，为的就是在这一场考试中不留遗憾。

我们一题一题地思考、一章节一章节地过关、一整卷一整卷地模拟测试，为的就是在这一场考试中骄傲地胜出。

你，亲爱的同学，准备好了吗？

你是否认识到这是一场重要的挑选？一场足以影响你就读学校的挑选；

你是否认识到这是一场激烈的挑选？一场一分之差胜负立判的挑选。

你，亲爱的同学，知道如何做了吗？

你是否知道这是一场时间投入的比拼，善于支配时间是取得胜利的前提；

你是否知道这是一场学习效益的比拼，善于高效率地学习是取得胜利的基础；

你是否知道这是一场毅力品质的比拼，能坚持、不放弃的精神是取得胜利的保障；

　　你是否知道这是一场方法技巧的比拼,会思能解勤检查的习惯是取得胜利的关键。

　　要取得这一次考试的胜利,我们还要有良好的体能储备、健康的心理适应能力,我们不仅要有我能行的信心,还要有我一定行的决心；

　　要取得这一次考试的胜利,我们还要有良好的家庭学习环境,我们不仅要有自觉的学习控制力,还要有敢于监督监管的家长；

　　要取得这一次考试的胜利,我们要依托和听从老师的精心辅导。我们不仅要有自觉的解题训练习惯,还要有虚心听取老师讲解的意识；

　　要取得这一次考试的胜利,我们还要有团结协作互相进步的团队精神。我们不仅自己要努力,还要帮助其他同学一起奋斗。

　　同学们,这是一场体力、精神、意志、方法的综合竞争,我们坚信,付出必有回报,胜利一定到来,让我们拭目以待。

　　努力吧,同学们!奋斗吧,同学们!让我们一起把美好变成现实。

为班级喝彩

——写给不断前进中的 1913 班

为何

我们为何

我们为何站在这里

因为

只因为

心中那浓烈的期许

我们是那么那么地企盼哟

现在

就是现在

我们清晰地看见

那雅嫩但坚毅的面庞

那柔小但有力的臂膀

那雏美而宏亮的誓言

那明澈而神亮的眼哟

释怀

我们此刻释怀

以老师们的名义

以家长们的名义

以这帮大朋友的名义

相信

我们相信

以未来的呼唤

以优秀的呼唤

以自豪的呼唤

最棒,最最棒,最最最棒的 1913

迈向更高品质的学校发展

——写给 2020 年的学校师生

2019 年 1 月,我们收获了元旦长跑女子团体第四名、男子团体第七名!

2019 年 2 月,我们开启了"在这里奋斗,让更美好发生"的新征程!

2019 年 3 月 13 日,我们正式进驻前中满一年!

2019 年 4 月,我们的老师首次获得市级学科比赛一等奖!

2019 年 5 月 28 日,我们迎来了全国名校长领航工程校长工作室挂牌!

2019 年 6 月,我们过了前中首个儿童节!

2019 年 7 月,我们迎来了第二批新生!

2019 年 8 月,新生预适应训练全面展开,我们做到了新生家访全覆盖!

2019 年 9 月,我们开展了以作息时间为主线的行为规范养成及强化训练!

2019 年 10 月,我们进行以"课堂四整理"为主线的"教师微改进""学生微变化"的"双微"教学模型强化!

2019 年 11 月,我们的教师首次荣获全国性教学比赛一等奖!

2019 年 12 月,新入职教师适岗定级活动全面开展,学生团队(女足)首次荣获市级比赛亚军!

时光就这样划过……

6:30,那田径场结队而跑的师生;

7:00,那蒙蒙晨光中老师的身影;

7:20,那朗朗读书声萦绕的晨诵;

9:20,那精神振奋的体育大课间;

12:00,就餐区前那整齐的一队队;

13:00,学生午休室外老师来回值巡的步伐;

14:20,教室又响起了自信的背书声;

17:05,课后服务中老师悉心指导的身影;

18:05,田径场上奔跑的师生奋斗者;

19:00,一双双亮眼盯住了《新闻联播》;

19:30,明亮灯光下,学生们在奋笔;

21:30,学生宿舍里闪现着老师关切的目光;

23:00,校园熄灯了,但老师依然在值岗!

还有,

那课堂中善引的慈语,

那批评中的叹息,

那关怀中的焦虑,

那伏案而憩的辛酸,

那作业批改时的忿忿…

还有,

那不服输的申辩,

那跃起的庆贺,

那激动的拥抱,

那升旗晨会上的喝彩,

那研学旅行中的灿烂…

这是前中,

2019 美好丽影已留存。

出发,

跑向更美好的 2020!

没有什么可以阻挡,

那奋斗中更高品质的前中!

祝全体师生元旦快乐,新年吉祥,学业进步,家庭幸福!

育心思行，教言述德

以文会友，足以健心体，明生活，律言行，束杂念；

以文思德，足以尚悦读，习悟思，崇礼仁，树善智。

路随心移，足以尊重教育历史，正视教育现实，展望教育未来；

形随意动，足以坚定心性相长的教育本性，坚守心性相护的教育过程，坚信心性相伴的教育目标。

芸芸众生，有人止于形，只售其貌；有人止于勇，只呈其力；有人止于心，只用其技；有人达于理，善用其智。

作为教师的你，欲为何人？

明志以追求"适合就好"的教育教学，于纷繁杂绕、日复一日中，潜心修为，立树育花，知足常足，知止常止，适合处世。

作为教师的你，如何"幸而从教、福得传人"？

笃行以追求健康、律己、尚学、崇德，于引导中健体康心，择善而从；于帮助中不怨而律，省身克己；于辅助中尚慧现巧，学明逐英；于影响中崇仁不诤，道法明德。

作为教师的你，如何愉而就学，快辅思行？

一切皆读书使然！

静读可以识物观心、树志明行，一如文化维护不如自己助生续学，影响后一代。

悦读可以明德智理、高标立身，二如止后能定，定后能静，静后能安，安后能虑，虑后能得。

思读可以循术积艺、目神意心，三如伴学之行，只诉温暖不言殇，倾心相遇，安生呵护。

学校教育，始于心性修养，终于心性相陪！

道歉之后要原谅？

近日,小女的书包被后排的小男孩毫无理由地用笔写了一行字:"这个书包主人是猪",稚嫩的小字深深地嵌入皮质的表层,怎样擦都抹不掉,在班主任的介入下,当事小男孩"勇敢地"承认了,并当着全班小朋友的面向小女道歉,班主任为了表扬其"知错就改"的好行为,特地当全班同学的面奖励了他一朵小红花。

小女回家,泪水含含地怯怯问我:"爸爸,我原谅他了,我为什么不得小红花?",我一时语塞,支吾着"老师可能忘了,你这么'不小气',老师一定会补你一朵小红花的",我看得出,她心里还是有一点不舒服的,心想着等其完成作业后再开导开导她。

作业做不到一半,她扭头望我,"宝贝,作业有问题吗?","没。"。扭头再写,过了一会,又扭头看我,"嗯?",我鼓励地望着她,"爸爸,我有一个问题,不是作业的,可以问吗?","喔,你说吧!","是不是一个人做错事后,只要他承认道歉了,别人就要原谅他?"

唉,我的小公主,你还耿耿于怀呢,刚想开口,话又咽回去了,这个问题,我要想一想。

是啊,书包不仅贵、稀(我出访日本时买的,全球六年保修,纯日本传统工艺,时价好几千人民币),而且有特殊意义(她入小学的第一个生日礼物)。损坏了,作为爸爸的我都有点生气,心有点痛,少不了要埋怨,这与小气和大度无关,可不能认为道歉了,我们的上述感觉就消失了,事情就过去了,就必须原谅。我一个大人,一个深研教育的人都一下子过不了关,何况视书包如宝贝的女儿。

再想,这小男孩无缘无故破坏别人物品,应务必引起家长重视,要严加约束和惩戒,千万别让其以为道歉了,就应该获得别人原谅,甚至得到"勇于承认错误"的表扬,这无形中会助长其不以为意、下不为例的坏毛病,只会越来越放肆,届时,家长后悔都来不及。心中一下子担忧对方起来，他们会怎样处理呢？

又想，此般小小年纪就会用侮辱性的语言攻击别人，肯定非因一日之惰，对方家长应马上警醒反思平时小孩的言行，举一反三，防微杜渐，由小及里，现在纠偏还来得及，切忌为维护其"所谓的偶犯阴影"而简单略过，小不纠，大则过，要敢于正视问题，不回避。心中不由担心，班上还有多少类似情况？

还想，这可能是独生子女的通病，不由得专业起来，可否建议班主任以此为契机，在班上展开大讨论，让大家都明白可以做什么，不可以做什么，更重要的是，让小朋友们都认识到"每人都应为自己的行为承担后果"。

小女儿啊！你用你的委屈提醒了我们：书包坏了不要紧，可以修，可以换，可以再买，那不重要，最重要的是：人与人的相互尊重、相互包容、相互帮助，应亲如一家人。

谢谢你，女儿，你渐渐会思考了，相信你，会跨过去的。此时，任何的安慰，都是虚伪的，你终究会因此而长大。

方向决定品质

一众老师在微信群中讨论"考试要不要取消""课程应该如何设与教"这两个问题,论点大致是:能力、情感等未来生活生产必需品均应是知识的一部分,学校课程偏重分类科学逻辑,太早太难! 要减! 其余涉及太少或缺失! 要补要增! 所有名校名班的教学,都偏向如何考好,背离课程本真! 但很有市场,很多家长及学生追随。

本着尊重历史、正视现实、展望未来的发展观,结合学校师生实际,和者建议对课程体系进行动态式建构,走"适合就是好教育"之路,用适合师生发展的教育培养适合学校体制教育的师生,各取所需,趋同存异,都能变化,均能收获,具体如下:

1.国家规定课程(包括已列入课程体系的地方课程),主要功能是为高级学校输送人才。

2.公民及国民社会素养课程(包括国家认同、法制遵守、规则履行、秩序维护、习俗共融等),主要功能是各层次学生"各美其美、美人之美、美美与共",融入社会、共荣共存。

3.家庭及生活技能养成课程(包括职业体验及选择、家居常识、社会价值判断等),主要功能是使学生及其家庭"来之能住、住之有依、依之和聚",为地域经济社会发展奠定基础。

4.国际视野及家乡情养课程(包括传承与创新、求同与存异、国家与世界、文化与种族等),主要功能是使学生成为具有民族素养、家国情怀、世界眼光的未来世界人。

为了那最终的胜利

——在迎中考百日动员大会上的讲话

敬爱的各位老师、亲爱的同学们：

你们好！阳春三月，万物生机，在这充满活力的季节里，我们在这里隆重召开迎中考百日动员大会。

在这里，首先祝各位师生身体好！

六月，我们即将迎来人生中最为重要的选择之一，为了这必将影响一生的选择，我们需要付出，需要挑灯夜读，需要忍平常之休闲，需要克平常之懈惰，需要争分夺秒，需要大容量记背，需要集中跨梯度训练，我们需要改变的太多太多……

而这些改变的背后，必然是以强健之躯体为基，为此我们希望师生们不忘每日锻炼，自我强壮，无论是生理上，还是心理上，都能以充足的储备应对日渐繁重的学习。

在这里，也要祝师生们努力好！

六月，我们即将迎来人生中最激烈的选拔之一，为了这必将影响未来的挑选，我们需要智慧，需要合理计划的统筹智慧，需要精心梳理的条纲智慧，需要重复反思的技巧智慧，需要识记迁移的综辨智慧，我们需要的智慧的确很多很多……

而这种智慧抉择的背后，必然是以扎实的基础为底，为此，我们希望师生们以本为纲、以书为目，一一过关，无论在单点知识上，还是在技能联横上，都能以充分的系统化应对日渐残酷的挑选。

在这里，还要祝师生们发展好！

六月，是我们人生发展的第一个重要关口，我们很有可能由此走上各不相同的生存生活之路，我们可能由此平步青云，作学术的佼佼者；我们也可能由此技艺精湛，作职业的拔萃者。我们可能由此出众一生，我们也可能从此平凡一世。我们今后的可能太多了……

而这种可能的背后，必然是以考试成绩分流开始的，为此，我们希望师生们尊重历史、正式现实、展望未来。之前，已经过去；现在，正在进行；将来，值得期待。无论普高或是职高，还是社会，只要无悔，便是精彩。

为了迎接这火热的、充满希望的六月，我们郑重公告：

学校，永远是你们的家园，我们的师生一定会如一家人般快乐生活；

班级，永远是你们的成长屋，我们的师生一定会像亲人般共筑知识；

老师，永远是你们的同路人，我们的师生一定会在共行之路上合作共赢。

同学们，为憧憬而努力吧！

老师们，为骄傲而奋斗吧！

让我们拭目以待，六月胜出的欢腾！

同学们，老师们，就在这里！

出发吧！

在阅读中寻找力量

作为教师,就要用阅读充实智慧,每天实行"三规"阅读,即定时定地定内容阅读,现在不少教师中午都留在学校,不妨用 20—30 分钟作为午休前阅读时间;晚睡前半小时也是阅读的好时段,读完再睡,内容不易忘。但只读不记,或只读不写的阅读,往往读得快,也忘得快,不妨进行阅读摘要,读了不一定有知,但不读肯定不知,还是读一点书好。

作为教师,有四种书或杂志报刊应该读。

其一,资讯类的,主要以教育类为主,可以采用"快餐式"阅读。可定时浏览固定网站,如"人民教育网""教育部信息网""广西教研网""柳州教育网"等从中央到地方的分级信息,力争消息不落后。

其二,专业技术类,主要以学科教学为主,一般以期刊专业杂志为主。比如:中学××科教学、作文通讯、试题研究、教材教法分析类的期刊等。一般搭配是:案例+试题+科研+教材分析,力争课堂教学不落后。

其三,学生管理类,此类书一般以班主任工作为主。但不管你是不是班主任,都需要读点这方面的书或杂志,毕竟,只担任学科教学的教师也需要对自己的课堂进行学生管理,也需要了解学生的特点并具备一定的管理方法,那种只教不管不导的教师应该被淘汰。有些教师平时不注重储备,临到学校安排自己当班主任时才去读,必然会吃亏。对于学生管理,每一位教育工作者(包括工勤岗位)都应有所了解研究,才能保障育人为本,力争德行品质不落后。

其四,学校管理类,此类书以杂志或专项书为主。一般教师很少涉及,所以,容易造成对学校管理的认识盲区,对行政干部的管理行为也就知之甚少,沟通交流就较为困难。教师一般不会主动阅读此类书,这就需要学校利用有效时机,及时引导,定期推荐,多作辅导,毕竟,当教师对行政管理比较熟悉,工作开展就会比较顺利。

当然,其他诸如生活指导类、娱乐类等书也应适当调和,因为,生活本来就是多元丰富的,搞得书呆气太浓也不好!

学校的发展,不能仅仅坐等外部环境(校园基础建设、生源质量、社会认同)的改变,在积极争取的同时,还要立足自身,用内涵提升促进学校发展,而内涵最最核心的问题在于我们的心灵智慧修炼程度。这种修炼,应是无时不在、事事关联、人人共生的内心激荡和交流,"胸中无料气自短""瑞气芳自内涵来",而阅读、触及心灵的阅读,恰恰可以内化提升这种内涵,基于此,我们还要进一步强化阅读意识,在时间和空间上倾力保障阅读效果。

其一是要抓好教师阅读质量。

已经正常开展的"文三理四"教研活动的"阅读推荐"和"阅读摘录"要进一步加强指导、辅导、督查、评估。

以三个年级组、后勤组为单位开展的"每周一册""三年一轮"教职工阅读活动要进一步加强过程管理,实行周督查制度,记入年级组(后勤组)评比范围。

利用每年的继续教育书籍征订平台,加强教师每年订书的指导,扩大学校在教育教学参考资料方面的征订范围和数量。

在财经制度允许的范围内,最大限度地对教师阅读实施资金支持,在奖励性绩效工资发放政策允许的范围内,落实教师阅读摘录、阅读心得及其他相关阅读成果的周期性评比及奖励。

其二是要抓学生的阅读质量。

坚定实施"读一本好书"学生活动。实行每周督查评比制度,纳入班主任工作内容,记入班级评比表彰范围。

加强学科教学课堂阅读工作,把"课堂教学必须设有学生阅读环节""学科教师应指导学生进行课堂阅读"写入《学校课堂教学质量评价表》,力争学生课程课堂阅读常态化,要从"授生以渔"的维度来看待学生的学科学习阅读。

各年级可根据自身管理实际,以周或月为单位,对学生阅读的相关成果进行评估评比表彰,并把结果纳入"学生优秀干部""三好学生""进步学生""入团积极分子"等评比或表彰范围。

　　进一步搭建阅读成果展示平台,政教处以月或季度为周期,规范开展"我的校园格言创新赛""我的校园提示语创新赛"等能充分展现师生阅读成果的活动。

　　有品位,才能过品位生活!读书,是与他人沟通的最好方式,也是改变自我人生的有效途径。

在持续改进中互相选择

若干年来,中学教师或多或少都为如下的现象而困惑过:

单一的入口(入校)标准催生了诸如数奥、英奥等单一学科课外有偿辅导培训市场,且异常火爆!

单一的出口(升入高一级学校)标准催生了诸如全托、晚修、补课、家教等市场,且常常"洛阳纸贵"!

上述两个"单一"又催生和决定了单一的过程操作,学生在校时间越来越长、上课节次不断增加、自习课不断减少、课外活动空间与时间不断压缩、作业量持续攀升、双休日基本消失……

而这种单一是有代价的:课酬、教学资料、辅助工具等因素又催生了诸如补课费、辅导费、资料费等乱收费行为,"校内不补校外补""集体不补分散补""教师不收费家长收"之类的违规行为催生了如下的不和谐:

在学校中(包括一些先进校):

骨干教师(特别是中考科目教师)可能会抱怨太累,即得利但不感激;一般教师(特别是非中考科目教师)可能会抱怨不公平,认为地位被弱化,甚至无事可为,即轻闲不得利也不满意;管理干部可能更困惑,一切都为学校好,但为何还这么多意见?,即边出力边受委屈。

在教研组和备课组中:

骨干教师年年教所谓的重点班(实验班),神经时刻紧绷,责任心强的,自然努力工作;素养一般的,基本上会"用"好各类资源(包括家长资源);"经验丰富"的,可能会"课上不教课后教""学校不教家里教",更有甚者可能会认为"随便教,反正普通班怎么也赶不上"。

反之,一般教师,可能会抱着"随便干吧,反正怎么也超不过尖子班"的思想,得过且过,教学班级和教师间的良性竞争可能缺失或不到位,公平竞争更可能是难之又难。

在班级和年级中:

班主任和科任教师的目光可能会不自觉地、下意识地投向那些所谓的"好"生,落后者的机会是很少的,甚至基本上可能是被放弃的,无论好生还是落后生,心理压力可能都过大,睡眠时间少、锻炼时间少、娱乐时间少、自主时间少、笑容少、青春痘多,对不少学生而言,学习不但不快乐,反而很痛苦,学习很可能变成了负担。

在社会中:

"老百姓都想上好学校",现实迫使家长们在小孩读书问题上的投入越来越大,无论是金钱还是精神方面,压力只增不减;而各类好学校的"暗"竞争也越来越激烈,暗招生工作越来越公开、越来越提前,使各级管理部门压力持续攀升;名校门庭若市、难以选择,普通学校门前冷落、少有人选择。

"教育公平是社会公平的基础"。这几年,在各级教育管理部门的共同领导和组织管理下,在各级学校的共同努力下,上述现象得到了有效遏制。

如果把学校比作一艘舰艇,我们的校长就是引领方向的舰长,我们的教师就是船员、工作人员及服务员,而我们的学生就是乘客。

乘客满意不满意、旅行有没有收获,关键是看我们的服务水平和质量。

教师渐变需要过程,学校的渐变更需要过程。仅仅依靠理念及操作、培训是不够的,还需渐进的行为跟进,而形成共同愿景,既是出发点,又是归宿点。

学校的一切活动皆因学生,关注学生的需要,立足于学生的认知和能力基础,选择符合学校实际的教育教学策略、内容、操作步骤及评估标准,是有效推动学校发展的根本出发点,而它的主阵地应是课堂。

如果说,给学生选择本身就是一种教育,那么,给学校选择,本身就更能体现育人为本。

而每一个学校的选择,应切合实际,适合本校学生就好。

师生双本教学的常态管理

1.师源方面

牢固树立"师为校本"之理念,教师队伍是学校工作开展的基础,学校最重要的是教师。要推行"教学工作 372 工程",其中:

"3"是指备课环节中必须要备的三个要素(可根据课型实际适当增加):第一是本节课最基本的知识点和技能,第二是为学生掌握基本知识点和技能的导学问题设计(建议不超过 5 个),第三是能当堂检测学生学习效果的自主训练题和当堂测评题。

"7"是指上课环节中提倡体现七要素(不要求每堂都缺一不可,应根据课型实际适当增减):其一是导学问题展示(约 2 分钟),其二是学生尝试自主独立解决导学问题(约 5 分钟),其三是学生分组讨论问题解决方案(约 3 分钟),其四是教师组织答案展示及知识技能教学(约 5 分钟),其五是学生自主训练(课堂练习及课外部分作业前移,约 15 分钟),其六是教师组织训练答案展示及学法渗透(约 5 分钟),其七是当堂测评(下课交)。

"2"是指课后作业布置必须体现的两个要素:其一是常规达标题,其二是对学有余力的学生可出一两道综合题。

2.生本方面

初步树立"为学生终身发展奠基"的办学理念,全力推行生本及全人教育,以学生切合自身实际的需要为出发点和归宿点,努力寻求学生"成人"及"成才"的结合点、推行"五个点工程"即:

读点经典:让经典名著指引学生成长的方向。

唱点好歌:让积极向上的歌声抒发学生的美好情感。

练点体育:让健康体魄伴随学生的一生。

写点好字:让字里行间净化学生的心灵。

做点善事:让合作、互帮、互助成为学生的习惯。

3.管理工作前移,推行新的年级管理尝试。

(1)三会:

其一为年级工作例会,由年级组长、两位年级组长助理、在年级任教的中层以上干部共同组成年级管理层,每周一次,主要内容设定为:上周工作汇总、下周工作商议、重点工作讨论。

其二为年级德育工作研讨,由年级组长、年级组长助理(德育)及年级全体班主任构成,每两周一次,内容设定同上。

其三为年级教学工作研讨,由年级组长、年级组长助理(教学)及年级各学科备课组长构成,每两周一次,内容设定同上。

(2)二报:

其一为年级工作月报,全面总结年级本月教师及学生情况,对下月工作要点进行安排。

其二为年级经验理论推荐月报,对那些具有推广价值的、可操作性强的教育教学一线经验进行推广,组织引导师生了解当前前沿理论动态等信息。

(3)一查:

是指每课年级巡查制,年级工作实行全员参与、全员管理、全员评估。把年级所有教师(不分科目)分派下班,以班主任为协调人形成班级教师团队,采取整体捆绑评估与个体评估相结合的办法,每节课年级统一调配人员进行课堂巡查,可采用"唐妮课堂巡视法",每班停留3—5分钟,每课反馈至年级组。

4.在各年级近期工作策略及要求方面:

根据学校实际及当前任务,对各年级工作提出基本要求及突破思路,统称"三化"目标。

(1)初三:

其一是教师做题常态化,基本要求是凡是让学生做的,教师先做一遍。

其二是课堂训练日常化,基本要求是每堂课学生练习时间不低于总时间的二分之一。

其三:是作业布置基础达标化,基本要求立足学生应知应会点。

(2)初二:

其一是师生情感稳定化,基本要求是不要产生新的师生对立矛盾。

其二是教学难度适中化,基本要求是不要产生新的厌学现象。

其三作业内容适度化,基本要求是不要产生新的两极分化。

(3)初一:

其一是作业完成校内化,基本要求是立足校内课堂,提高效率。

其二是教学进度校本化,基本要求是立足学生认知起点,从最后一名学生抓起。

其三是情感和谐化,基本要求是立足学生情感基础,增进互信交流及认同感。

在良性互动中寻求"善治"

今天的教育,民众的诉求日益增多,舆论质疑时有耳闻。学校及教育管理部门的回应能力,已经成为衡量治校水平、检验管理理念的重要标杆。

行政管理部门如何管？学校如何定位？教师如何发力？学生如何寻求突破？社会如何支持？治校理论正由如何"管治"逐渐转向如何"善治"。问题存在是必然的,能不能解决问题的关键不是方法,而是是否达到了某种共识。而达不达成共识(最好是科学的共识)的关键,是友好的良性互动。

行政管理部门与学校之间、干部与教师之间、教师与学生之间、学校与社会(包括家长)之间,不可能完全步调一致,但绝对可以形成共识。对于某些批评或质疑,特别是那些善意的,我们是否过于敏感？对于某些尖锐问题,我们是不是"能捂则捂""能压就压"？对于某些危机问题,我们是不是"玩弄技巧",忙于"撇清责任"？是不是没有质疑声音,工作就稳妥了？是不是掩盖了问题,管理就有方了？

实践证明,对话胜于对峙,在倾听诉求中才能改善治理,在回应质疑中才能寻求共识。毕竟,从善如流、知错就改,远比"一贯正确"更加可信、可敬、可亲。

从某种意义上说,教育就是交流、沟通、努力良性互动形成共识的过程。

教育局培训校长,目的之一是使校长更好地了解行政管理部门的意图；学校培训干部、班主任、教师,目的之一是使他们更好地领会学校运行意图；学科教研员培训学科教师,目的之一是使学科教师更好地了解学科教学实施意图。其本质就是力图通过培训,让受训者接受主训者的思维及要求,形成具有执行力的共识。当然,这种共识有时候是被动的,甚至是不情愿的,更有甚者是虚伪的,因为这种共识是单向流动的。

如果,我们把教育看成一种"信息交换""良性互动",那么教育局可以听到校长们的不同治校谋略,就可以在此基础上因势利导,学校的特色就呼之欲出,特色的学校就可能浮出水面;校长可以听到中层领导们的血气方刚的"拙见",就可以在此基础上因人设岗、量体裁衣,部门的特色出现了,特色部门产生了;中层干部可以听到教师的"偏激语言",教师的话是最真实的,是最不需要修饰的,在此基础上,教师的特色可以挖掘,特色的教师可以培养;教师可以听到学生的"稚嫩之声",也许"无理",但绝对有感而发。在课堂上,教师耐心倾听了,及时调整授课了,则教师上课讲得少了,内容增加了,步骤灵活了,课堂就还给学生了,教师就成了名师了;在课堂外,教师(特别是班主任)耐心倾听了,学生就愿讲了,学生信息就多了,问题就可以预防了,师生关系亲近了,班主任就"名声在外"了。

　　从某种意义上说,教育就是民主基础上的信息交换和良性互动,基于此种理念下的治理,就可以称为"善治"。

新学期,你准备好了么?

新的学期开始了,"新年新气象""新年新成就"是每位教育工作者及每位学生的共同心愿,要如何有序高效地开展教育教学研究活动? 如何迎接新的学习要求及挑战? 我们不妨从以下几个方面思考:

一、作为学校的管理者,应做足"三看"功夫

1.看清教育发展形势

要及时研读《国家中长期教育改革和发展规划纲要》《全国教育工作会议精神》《教育部工作要点》及所处省(自治区)、市、县(区)教育工作文件,并认真领会,结合学校实际,谋划本学校的新发展,夯实基础,改革创新,提高教育水平及质量。

2.看懂教育最新前沿理论及研究成果

要深刻分析国内外近期的教育教学研究方向及重要的经验成果,对先进教育发达地区的创新教育教学尝试及成绩要勇于吸纳,敢于借鉴尝试。加强自身的理论修养及教育教学研究能力训练,力争信念理论不落后,做法不陈旧,措施不失当,效果不偏移。

3.看明白本校教育教学亮点及不足

要认真分析学校实际,广泛吸纳一线教师的意见和建议,要了解学校长处及特色,对学校新学期的发展方向及重点要明确,发挥优势,弥补不足,积极寻找突破点,保障学校的可持续发展。

二、作为教师,应做足"三读"功夫

1.再读学科课程标准。进一步熟悉学科基本要求,基本操作原则,明晰学科知识分布及达成目标要求。力争"温故而知新",努力达到"无书胜有书""教材标准存心中"的境界。

2.通读学科教材全册。对新学期的学科教材要进行通读、泛读,明确了解全册知识及技能体系,做到重难点清晰。确定不同知识板块教法学法,掌握整体教学进度,谋划阶段性教学质量监控办法及手段。力争做到全学期教育教学工作心中有数。

3.精读学生实际,对本教学班学生要做足分析功夫,全面掌握学情,特别对学生前一阶段的知识技能所欠缺之处要认真寻找解决对策,以便学生能更好地承上启下,顺利过渡。

三、作为学生,应做足"三清"工作

1.清楚自己在前一个学期的学习优缺点。要及时盘点自己在上学期的学习过程中的得失,对不足部分要自我分析原因,制定出补救措施及时间表,争取知识不留"盲区",技能不留"缺憾"。

2.清楚本学期的自我发展规划,在自我分析的基础上,应及时寻求老师、家长、同伴的帮助,及早做出新学期的学习生活计划,使自己的各项努力有序化、条理化、渐进化,使自己在原有基础上能稳步提升。

3.清楚学校、年级、班级新学期发展方向,积极融入集体,把自己的发展同集体、同伴的发展融合捆绑,积极发挥自己在班集体发展进程中的作用,争当"助推器",不做"拖油瓶"。

四、作为家长,应做足"三勤"工作

1.家校勤联系,应及时与学校、班主任、科任老师及时交流沟通。共同谋划子女的新学期发展,力争学校、家庭步调一致,形成教育合力。

2.家长间勤沟通。应及时展开家长联谊活动,特别是同班家长的互相交流,共同积极为班级、学校教育教学出谋划策,及时配合,共同促进学生发展。

3.家长、学生间勤交流,应尊重学生的主体发展意识,精心呵护学生的自我发展意愿,及时引导,消除隔阂,保持良好的家庭心理氛围。提倡相互尊重、共同分析、目标一致的家庭生活氛围。

　　只要学校、家长、学生、教师为一体谋划发展，求大同、存小异，互为主体，互为扶助，就一定可以在新学期实现学生学得愉快、教师教得幸福、家长放心、学校舒心。我们的学校及家庭就一定能成为与学生共同成长的乐园。

为了每日的提升

一、四步教学法

1.读:教师范读、学生齐读、重点重读。

(1)教师要通过范读,使学生明白读的内容,读得标准。

(2)教师要组织学生坐姿端正、持书标准、声音洪亮地读。

(3)教师要引导学生对知识考点、难点重复多遍地读。

2.写:教师范写、学生自写、重点默写。

(1)教师要对解题过程进行示范,并张贴于教室学习园地。

(2)教师要组织学生自觉抄写。

(3)教师要组织学生重复默写,直至全对。

3.测:学生自测、全班普测、重点学生重测。

(1)教师要组织学生进行自测,并互相批改。

(2)教师要组织学生在规定时间内进行统测,并组织学生代表批改。

(3)教师要针对重点学生反复测,直至全对。

4.练:教师编题、学生练题、寻找没见过的题。

(1)教师根据记背内容编制练习题。

(2)学生在规定时间内自我完成练习题,并互相讨论。

(3)师生共同寻找没见过的题,练习直至全部掌握。

二、基础知识每天四点过关法

1.课堂记练背一遍,教师盯重点学生的四分之一。

2.第一节自习课记练背一遍,教师盯重点学生的四分之二。

3.第二节自习课记练背一遍,教师盯重点学生的四分之三。

4.第三节自习课记练背一遍,教师盯重点学生的四分之四。

三、重点学生包干法

1.全员参与　　　　2.包干到人　　　3.质量到人

4.记背效果检测

(1)周一至周四小测　　　(2)周五全测

5.效果评定

(1)落实学生个体变化,连带教师责任。

(2)教师绩效分级。

以前中志气奋斗　赢得更美好未来

——在秋学期开学典礼上的讲话

老师们、同学们：

大家好！

这是一个盛载收获的季节，也是一个充满希望的季节。今年共有475名新同学带着家长的嘱托，满怀信心地走入了我们的校门，开始新的学习生活，我们还迎来了31名在众多竞争者当中脱颖而出的新入职教师，我谨代表学校向你们表示热烈的欢迎和衷心的祝贺！

新的学年，孕育着新的希望和憧憬，我们每一位老师与同学经过暑假短暂休息与调整之后，又满怀信心与斗志地站在新学年的起跑线上，为实现人生目标而全身心投入，努力奋斗。在此，我祝愿并相信我们全体师生都能在新学年的工作与学习中绘制出更美丽的蓝图。

敬爱的老师们，亲爱的同学们！

你所站立的地方，就是你的学校；你怎么样，学校便怎么样；你是什么，学校便是什么；你有成绩，学校便会优秀；你有信仰，学校便有力量。未来前茅中学的分量和质量，就在各位的手上。

要担起为国育才的责任，必须坚持以习近平新时代特色社会主义理论为指引，全面贯彻党的教育方针，争做"四有好师生"。

希望全体教师，秉承"善法博研"之教风，以"有理想信念、有道德情操、有扎实学识、有仁爱之心"的"四有好老师"标准教书育人，努力把学生培育成"有理想、有道德、有文化、有纪律"的"四有好学生"，不负国之重托、民之期望。

希望全体同学，秉承"博学敏行"之学风，在向善向上的经历中锻造适应未来的核心能力、养成良好必备品格，让"品行至善、能力至上"成为每一个前茅英才的铭牌,以师生的共同信仰,铸就"善上·以至前茅"的品质力量。

希望全体干部,秉承"同创共进"之理念,坚持"把教师放在课程中央",把"教学第一"理念根植于每位教师内心;坚持"把学生放在课堂中央",把"学习第一"要求传导给每位学生;坚持"把师生放在学校中央",牢固树立"管理就是服务"的"师生优先"理念,始终把师生需求变成工作第一要求。

新学期,新征程,新目标,新期望,值此新学期开始之际,我向老师们、同学们提出以下几点希望和要求:

1.各位老师必须恪尽职守、严于自律、爱校如家、追求内在修养与外在形象的统一,爱护学校声誉,努力为之增光添彩。要潜心钻研教学,着力提高教学水平和教学质量;努力把自己培养成教学能手教学骨干,关心爱护学生,做一个深受学生和家长爱戴的好老师。

2.同学们要学会严格自律,遵纪守法。注重培养高尚的道德品质,不断完善自我。要认真学习并落实《中学生日常行为规范》和《前茅中学学生一日常规》,把培养良好的道德品质和高尚的情操放在首位。我们要从尊敬家长、尊敬老师、尊敬同学做起,以微笑对人,以礼貌待人,谈吐文雅。要学会爱护环境,讲究卫生,爱护公物,维护班级、学校的形象和声誉。

3.希望同学发扬顽强拼搏精神,端正态度,刻苦学习,胸怀大志,明确目标,珍惜时间,主动学习。青少年时代是打基础的时代,是学习的黄金时期,每位同学都应该好好把握,坚持不懈地努力学习。

志之所趋,无远弗届,我们应该有雄心壮志,应该有革故鼎新的勇气,让我们同心共济、始终如一地登高望远、百折向前,以前中底气直面考验。

行之力则知愈进,知之深则行愈达,让我们以顽强拼搏、刻苦攻关的志气,在这里奋斗,让美好发生,赢得前中更灿烂的未来!

2019 年 9 月 1 日